DAS STIMMT

Brendan P. McNamara

GILL AND MACMILLAN

Published in Ireland by
Gill and Macmillan Ltd
Goldenbridge
Dublin 8
with associated companies throughout the world
© Brendan P. McNamara 1992
0 7171 1841 X
Editorial consultant: Jill Berman
Designed by Maureen Kelly
Print origination in Ireland by
Seton Music Graphics Ltd, Bantry, Co. Cork
Printed by Colour Books, Dublin

CONTENTS

Introduction

Part 1

Section I – Nouns

Section II – Words which accompany nouns

Section III – Adjectives

Section IV – Cases and Prepositions

Section IX – Verbs: present tense, active voice

Section X – Verbs: past tense, active voice

Section XI – Verbs: perfect tense, active voice

Section XII – Verbs: pluperfect tense

INTRODUCTION

Das Stimmt is intended as a help towards identifying key grammatical points in the German language.

Part 1 explains in detail each point of grammar.

Through a series of easy exercises, Part 2 affords the student the opportunity to apply the rules of grammar.

Part 3 consists of further more difficult exercises geared towards a firmer grasp of the language.

. PART 1 .

Section I – Nouns

1. Gender of German nouns

(i) The gender of the noun determines the word for '*the*' when used with the noun; so
der when the noun is masculine: *der Mann* – the man
die when the noun is feminine: *die Frau* – the woman
das when the noun is neuter: *das Haus* – the house

There is, however, very little logic associated with the gender of German nouns; meaning offers few clues as to gender. While the 'hand' is feminine, *die Hand*, the 'finger' is masculine, *der Finger*, and the 'leg' is neuter, *das Bein*; but later we will offer some hints to help you determine the gender of a given noun.

(ii) Nouns are *always* written with a capital letter, regardless of where they may stand in the sentence.

(iii) Only a small number of German nouns form their plurals by adding *-s*,
Auto – Autos, Café – Cafés, Restaurant – Restaurants, Hotel – Hotels, Kino – Kinos
Yet this plural in *-s* is not typical; none of these words is of true German origin.

2. How to determine the gender

(i) Masculine nouns
(a) Meaning can be a fair indication. For instance, in his work a man's title is masculine:
der

Architekt	Blumenhändler	Gärtner
Arzt	Buchdrucker	Gepäckträger
Bäcker	Dolmetscher	Glaser
Bergmann	Elektriker	Goldschmied
Bierbrauer	Feuerwehrmann	Hotelbesitzer

1

Ingenieur	Künstler	Richter
Journalist	Landwirt	Schauspieler
Juwelier	Lehrer	Schriftsteller
Kassierer	Maurer	Schneider
Kellner	Metzger	Tankwart
Klempner	Musiker	Tierarzt
Koch	Notar	Uhrmacher
Konditor	Pilot	Verkäufer
Krankenpfleger	Rechtsanwalt	Zahnarzt

(b) Names of days, months, seasons, points of the compass: **der** Tag, Montag, Monat, Januar, Sommer, Winter, Norden, Süden

(c) Nouns that end in *-el, -ich, -ig, -ismus, -ling*, are with few exceptions masculine:
der

Deckel	Lehrling	Kommunismus	Pfennig
Mantel	Teppich	Sperling	Sozialismus
Optimismus	Kranich	Käfig	Feigling

(d) Most nouns ending in *-en* (excluding infinitives and diminutives – see iii a & c below) are masculine:
der

Boden	Riemen	Wagen	Laden
Faden	Magen	Ofen	Schaden
Hafen	Haken	Rasen	Orden

(e) In a general way every noun meaning a male person or animal is masculine, although the endings of words have as much to do with gender as the meaning has:
der

Mann	Prinz	Hahn	Elch
Hund	Bock	Kaiser	Kater
König	Junge	Graf	

(f) Most German rivers are feminine:
die

Donau	Weser	Mosel
Elbe	Spree	Oder

exceptions are **der** Rhein, **der** Neckar, **der** Main.
Most non–German rivers are masculine: **der** Nil, Po, Ganges

Brand–names of cars are masculine: **der** Mercedes, Volkswagen, Audi; er fährt **einen** B.M.W.

(ii) Feminine nouns:
(a) All female occupations are feminine.
In German the ending -*in* corresponds to English -*ess*, as in 'actress'. So by adding -*in* to the list of occupational titles in (i) (a), one makes the corresponding female form. Sometimes, however, one must also add an *Umlaut*, converting *a* to *ä*, *o* to *ö*, *u* to *ü*, *au* to *äu*:

die

Architektin	Hotelbesitzerin	Lehrerin
Ärztin	Journalistin	Schauspielerin
Bäckerin	Kellnerin	Schriftstellerin
Dolmetscherin	Köchin	Verkäuferin
Gärtnerin	Künstlerin	Zahnärztin

(b) All two-syllable nouns ending in -*e* and meaning things without life, are feminine

die

Tasche	Niete	Lippe	Birne
Hecke	Lampe	Kippe	Nase
Ecke	Jacke	Decke	Tube
Spitze	Straße	Socke	

Exceptions are: **der** Käse, Tee, Kaffee

(c) Most abstract nouns are feminine. These generally end in -*heit*, -*keit*, -*schaft*, -*ung*, -*ei*, -*ie*:

die

Wahrheit TRUTH	Dummheit	Entschuldigung
Freundschaft	Leidenschaft passion	Demokratie
Dankbarkeit attitude	Schwierigkeit difficulty	Ausbeutung exploitation
Menschheit humanity	Empfehlung recommendation	
Gesellschaft society company	Fotografie	
Kleinigkeit triviality	Sklaverei slavery	

3

(d) Nouns that end in *-enz, -ik, -ion, -tät, -ur, -itis* with a few exceptions are feminine:

die

Temperatur	Bronchitis	Republik
Grafik	Tendenz	Aktion
Korrespondenz	Musik	Inflation
Identität	Lektion	Konstruktion

(e) In a general way every noun denoting a female person or animal is feminine, but here again the ending can determine the gender:

die

Frau	Gans	Ente
Schwester	Dame	Stute
Oma	Tante	
Katze	Kuh	

(iii) Neuter nouns:

(a) All nouns ending in *-chen, -lein*

These are called the diminutive endings because when added to a noun (often with the addition of an *Umlaut*) they indicate the 'little' form of the original. These endings can also express endearment: *Töchterchen* – dear little daughter.

These two endings, *–chen* & *-lein*, make the noun neuter, regardless of whatever gender it was originally. So

>   *der* Mann, but *das* Männlein
>   *die* Frau, but *das* Fräulein;

and likewise

das

Häuschen	Hühnchen	Kaninchen
Entchen	Spieglein	Brötchen

(b) Nouns ending in *-ium, -um, -ett, -ment*:

das

Testament	Brett	Dokument
Zentrum	Datum	Argument
Tablett	Museum	
Gymnasium	Fett	
Etikett	Studium	

(c) The *-en* of the infinitive must be regarded as a neuter termination when the infinitive is used as a noun:

das

Rauchen	Tauchen *diving*	Schwimmen
Jagen *Hunting*	Lesen	Spucken *spitting*
Spritzen *sprain*	Schlafen	Skifahren

3. Plural of nouns

(a) Most masculine and neuter nouns ending in *-er* make no change in the plural, although some add an *Umlaut*:

der

Lehrer	Bäcker	Maler	Tischler *carpenter*

das

Zimmer	Fenster	Muster *Pattern/guide*	Messer *knife*

but: **der** *Vater* becomes **die** *Väter*

(b) Masculine nouns ending in *-el*, *-en*, never add to that ending in forming their plural, but some may add an *Umlaut* to their stem-vowel:

der

Deckel	Spiegel *mirror*	Kuchen	Kragen *collar*
Löffel *spoon*	Kegel	Wagen	Haken *hook*

remain unchanged in the plural,
but

	der Apfel	Vogel	Nagel *nail*

become in the plural

	die Äpfel	Vögel	Nägel

and

	der Laden	Boden

become

	die Läden	Böden

(c) Most nouns that end in *-e* add *-n* in the plural:

die

Blume	Wiese *meadow*	Heide	Nelke *carnation*

der

Junge	Däne	Ire *Irishman*	Schwede *Swede*

5

(d) The feminine nouns that end in *-in* add *-nen* in the plural:

die Lehrerin   **die** Lehrerinnen

(e) Many feminine nouns add *-n* or *-en* in the plural:
die

Ampel	Regel	Tafel	Gabel
Klammer	Schwester	Kugel	

all add *-n*; while

die

Frau	Tür	Uhr	Zeitung
Rechnung	Mannschaft	Meisterschaft	

all add *-en*.

(f) Many masculine nouns add *-e* or *⸚e* in the plural:
der

Tisch	Stift	Freund	Arm
Schuh	Stern	Pilz	

all add *-e*

der

Stuhl	Fuß	Schwamm	Schrank
Ast	Ball	Baum	

all add *⸚e*

(g) Nouns that end in *-chen* and *-lein* make no change in the plural.

(h) Many neuter nouns add *-er* or *⸚er* in the plural:

das

Kind	Feld	Nest	Bild
Kleid	Ei	Lied	Lid

all add *-er*

das

Land	Haus	Dach	Buch
Rad			

all add *⸚er*

Note, too, the masculine nouns which form their plural in *⸚er* :

der Mann   **die** Männer

der Wald   **die** Wälder

6

(i) A few feminine nouns form the plural by adding ⸚*e* (see (f) above):
die

Kuh	– Kühe	Stadt	– Städte
Hand	– Hände	Maus	– Mäuse
Wand	– Wände	Nacht	– Nächte

Be sure to memorise the gender and plural of each new noun you meet.

4. Compound nouns

These are made up from two or more words. The gender of the compound is always determined by its final element. Compounds can be formed in a variety of ways, e.g. by the combination of

(i) preposition + noun:
   der Eingang, **die** Ausfahrt, **der** Aufzug

(ii) adjective + noun:
   der Schnellzug, **der** Rotkohl, **der** Buntstift

(iii) noun + noun:
   die Last + **der** Wagen = **der** Lastwagen
   der Wein + **das** Glas   = **das** Weinglas

(iv) verb + noun:
schwimmen + **das** Bad = **das** Schwimmbad; where *schwimmen* loses its -*en*
fahren + **die** Bahn = **die** Fahrbahn;
bügeln + **das** Eisen = **das** Bügeleisen; where *bügeln* loses only its -*n*

(v) noun + verb + noun:
der Kreis + sparen + **die** Kasse = **die** Kreissparkasse,
or *noun + preposition + noun*:
die Not + aus + **der** Gang = **der** Notausgang.

Combinations can lead to long words like

die *Schwarzwälderkirschtorte*, or indeed
die *Donaudampfschiffahrtsgesellschaftskapitänsfrau!*

(vi) Note: If the first noun of a double compound noun ends in *-heit, -keit, -ing, -ion, -ling, -schaft, -tät, -ung*, then *-s* must be inserted after that ending:

der Liebling   + **die** Speise   = **die** Lieblingsspeise
die Wirtschaft   + **die** Krise   = **die** Wirtschaftskrise
die Elektrizität   + **das** Werk   = **das** Elektrizitätswerk.

5. Nouns alter in the singular, too

(a) Masculine and neuter nouns add *-s* or *-es* to form the genitive case. In general, nouns of one syllable add *-es*, and nouns of two or more syllables add *-s*:

des Hundes – of the dog, *des Zimmers* – of the room
Feminine nouns do not change in this fashion.

(b) Nouns add *-n* in the dative plural, unless the plural already ends in *-n* or *-s*:

der Hund (the dog) becomes in the nominative and accusative plural *die Hunde* (the dogs) and in the dative plural *den Hunden* (to the dogs); on the other hand, *das Taxi* becomes in the nominative and accusative plural, *die Taxis*, and in the dative pl. *in den Taxis* (in the taxis).

6. Special nouns

Masculine nouns which form their plurals by adding *-n* or *-en* also add that *-n* or *-en* in the accusative, genitive and dative case singular (There are exceptions within the grouping itself.)
Here is one such noun declined in full:

	singular	**plural**
Nom.	der Student	die Studenten
Acc.	den Studenten	die Studenten
Gen.	des Studenten	der Studenten
Dat.	dem Studenten	den Studenten

Likewise:

Mensch	Narr	Ire	Held
Fotograf	Schwede	Fürst	Elefant
Däne	Graf	Matrose	Grieche
Prinz	Soldat	Franzose	Christ

Drache	Bär	Spatz	Fink
Türke	Russe	Deutsche	Chinese
Fels	Buchstabe	Planet	

Exceptions to the above rule

(a)

Nom.	der Herr	die Herren
Acc.	den Herrn	die Herren
Gen.	des Herrn	der Herren
Dat.	dem Herrn	den Herren

(b) *der Vetter, See, Professor, Doktor* are all 'normal' in the singular and add *-n* or *-en* only in the plural.

(c) *der Name, Gedanke, Friede, Glaube, Wille*
Not alone do the above add *-n* in the accusative and dative singular, but they add *-ns* in the genitive singular:

    Ein Mann mit dem Namen Johann
    Ich tue etwas in gutem Glauben
    Ich tue etwas aus freiem Willen
    Ich bin des festen Glaubens, daß . . .

	singular	**plural**
Nom.	der Name	die Namen
Acc.	den Namen	die Namen
Gen.	des Namens	der Namen
Dat.	dem Namen	den Namen

7. Three other types of noun

(i) Nouns formed from adjectives are:

(a) written with a capital,

(b) given the appropriate ending [see Section II 3 a on adjectives]:

    der Blinde – the blind man
    die Arme – the poor woman
    das Nötige – the necessary, essential
    die Kranken – the sick people
    ein Dicker – a fat man
    Blinde – blind people

9

(ii) Nouns formed from present participles

The English ending '-ing' is the equivalent of the German ending *-end*. The present participle of the verb *schlafen* is *schlafend*, and from that we can form the noun *der Schlafende* (the man sleeping), writing it with a capital letter and giving it the appropriate ending as mentioned above. So also verb *tanzen*, present participle *tanzend*, noun *der Tanzende* – the dancing man, or *die Tanzende* – the woman dancing; similarly *weinen*, *weinend*, *der Weinende* – the man weeping, *die Weinende* – the weeping woman, *Weinende* – people weeping

(iii) Nouns formed from perfect participles

gefangen – caught;

> *der Gefangene, ein Gefangener* – the/a male prisoner
> *die Gefangene, eine Gefangene* – the/a female prisoner
> *die Gefangenen* – the prisoners (m & f)
> *Gefangene* – prisoners (m & f)

gefallen – fallen;

> *der Gefallene* – the man who fell in battle
> *die Gefallenen* – the fallen, the slain;
> *Gefallene* – those who fell in battle

bewaffnet – armed;

> *der Bewaffnete, ein Bewaffneter* – the/an armed man
> *die Bewaffnete, eine Bewaffnete* – the/a woman carrying arms
> *die Bewaffneten* – the men/women who are armed
> *Bewaffnete* – people carrying arms

Section II – Words which accompany nouns

1. The definite article

(a) 'the' alters as shown in this chart:

	singular			plural
	Masc.	Fem.	Neut.	All Genders
Nom.	der	die	das	die
Acc.	den	die	das	die
Gen.	des + -(e)s	der	des + -(e)s	der
Dat.	dem	der	dem	den + -n

Taking as our example a masculine noun *der Bäcker*, we'll see how this scheme operates:

	singular	plural
Nom.	*Der Bäcker* heißt Herr Braun	*Die Bäcker* streiken
Acc.	Ich kenne *den Bäcker* gut	Wir unterstützen *die Bäcker*
Gen.	Das Brot *des Bäckers* schmeckt gut	Die Arbeit *der Bäcker* beginnt in den frühen Morgenstunden
Dat.	Wir spechen oft *mit dem Bäcker*	Wir sind *mit den Bäckern* einverstanden

(i) Abstract nouns in German usually require the definite article, even where English does not:
   Die Eifersucht ist eine Leidenschaft – Jealousy is a passion
   Vorsprung durch *die Technik* – Progress through technology

(ii) 'The' is required before days, months, seasons, streets, meals:
   Der Januar hat 31 Tage
   Im Frühling kommt der Kuckuck
   Was machst du *am Montag*?

11

Mein Freund wohnt *in der Heinrichstraße.*
Was gibt es *zum Abendessen?*

(iii) While the majority of countries are neuter and need no article, feminine countries require it:
die Schweiz, **die** Türkei, **die** Mongolei, **die** Tschechoslowakei;
wir fahren in **die** Schweiz
Masculine countries likewise need an article:
der Irak, **der** Sudan, **der** Libanon;
er wohnt **im** Irak

(iv) In these common phrases, German includes the article where English would not:
He goes to school – Er geht *zur* Schule
I travel abroad – Ich fahre *ins* Ausland
I like to travel by rail – Ich fahre gern *mit* der Bahn
I wash my hands – Ich wasche mir *die Hände*
He combs his hair – Er kämmt sich *die Haare*
He is travelling *to town* – Er fährt *in die Stadt*
She is going *to bed* – Sie geht *ins Bett*
And in these, German omits the article where English would include it:
At the end of September – *Ende* September
At the beginning of July – *Anfang* Juli

(b) *dies-* this, *jen-* that, *manch-* many's the, have the same endings as *der, die, das*
Note: *dies-* may mean both 'this' and 'that';
     manch- is mostly used in the plural, meaning 'many'

	singular			**plural**
	M	F	N	All genders
Nom.	dieser	diese	dieses	diese
Acc.	diesen	diese	dieses	diese
Gen.	dieses + -(e) s	dieser	dieses + -(e) s	dieser
Dat.	diesem	dieser	diesem	diesen + -n

Taking as our example a feminine noun, we'll see how this case system functions:

	singular	plural
Nom.	*Diese Katze* schläft Tag und Nacht.	*Diese Katzen* fangen viele Mäuse.
Acc.	Die Kinder pflegen *diese Katze.*	Wir verkaufen *diese Katzen.*
Gen.	Die Pfote *dieser Katze* tut weh.	Der Besitzer *dieser Katzen* fehlt
Dat.	Die Kätzchen spielen *mit dieser Katze.*	Man spricht oft *von diesen Katzen.*

(c) *jed-* (each or every) also has the same endings as *der, die, das,* but in the plural *alle* is used

(d) *welch-?* – which? also belongs to this grouping:
  Welches Kleid hat sie an?
  Welche Kinder fahren mit?
  Aus welchem Gebäude kommt er?

2. The indefinite article

(a) 'a' – *ein, eine, ein* – is declined as follows:

	singular			plural
	M	F	N	
Nom.	ein	eine	ein	
Acc.	einen	eine	ein	'a'
Gen.	eines + -(e)s	einer	eines + -(e)s	has **no** plural
Dat.	einem	einer	einem	

Now we'll see how a neuter noun operates within this case-system:

Nom.	*Ein Kind* braucht Liebe.
Acc.	Dieses Ehepaar adoptiert *ein Kind*
Gen.	Die Erziehung *eines Kindes* is wichtig
Dat.	Wer hat Angst vor *einem Kind*?

13

After the verbs 'to be', 'to become', and the word 'as' before nouns which indicate a profession or a nationality, the indefinite article 'a' of English usage is absent from German:

He wants to become a doctor – Er will *Arzt werden*

He is an Irishman – Er *ist Ire*

My brother is an architect – Mein Bruder *ist Architekt*

He prefers to play as a sweeper – Er spielt lieber *als Libero*

If, however, this definition is qualified by an adjective, the 'a' appears in German, too:

He is a good architect – Er ist *ein guter Architekt.*

(b) These possessive adjectives are declined like *ein*, except that they have, of course, a plural;

mein	– my	*unser*	– our
dein	– your [familiar singular]	*euer*	– your [familiar plural]
sein	– his	*ihr*	– their
ihr	– her	*Ihr*	– your [formal singular
sein	– its		+ plural]

kein – no, is declined like *ein*, too.
The plural endings for all of these are:

Nom.	-e	Meine Eltern stammen vom Lande
Acc.	-e	Ich liebe meine Eltern
Gen.	-er	Das Einkommen meiner Eltern beträgt DM 40 000 pro Jahr
Dat.	-en + -n	Ich komme gut mit meinen Eltern aus

Note: When adding an ending to *euer*, drop the second 'e'; e.g. *eure, eurem, eurer*

3. Definite article + adjective + noun

e.g. the brave man, the shy athlete.

(a) The chart for 'the' + the noun was given in 1a above. Here is the chart for the adjective when it follows 'the'.

14

	singular			plural
	M	F	N	All genders
Nom.	–e	–e	–e	–en
Acc.	–en	–e	–e	–en
Gen.	–en	–en	–en	–en
Dat.	–en	–en	–en	–en

singular	plural
Die junge Dame heißt Ilse.	Die jungen Damen wohnen hier.
Alle bewundern die junge Dame	Der Professor prüft die jungen Damen.
Die Eltern der jungen Dame jubeln.	Die Schönheit der jungen Damen gefällt uns.
Rudi ist mit der jungen Dame verlobt.	Wer spricht mit den jungen Damen?

(b) The chart in 3 (a) is also relevant for the following combinations

this			e.g.	*dieser mutige Soldat*
that				*jene alte Landkarte*
many's the	}	+ adjective		*manches junge Kind*
each or every		+ noun		*jeder reiche Scheich*
which?				*welches schöne Auto?*

When dealing with the examples in 3 (a) and 3 (b) two separate charts come into use. Until you know them, you should keep a copy to hand for reference.

4. Indefinite article + adjective + noun

e.g. a small child, a long hedge

(a) The chart for 'a' + the noun is printed at 2a above. Here now is a chart for the adjective when it follows the indefinite article 'a'.

		singular		plural
	M	F	N	All Genders
Nom.	-er	-e	-es	-e
Acc.	-en	-e	-es	-e
Gen.	-en + -(e)s	-en	-en + -(e)s	-er
Dat.	-en	-en	-en	-en + -n

	singular	plural
Nom.	Ein schönes Bild hängt dort oben.	Schöne Bilder kosten viel.
Acc.	Ich möchte ein schönes Bild.	Dieser Maler verkauft schöne Bilder.
Gen.	Der Besitzer eines schönen Bildes ist froh.	Der Preis schöner Bilder ist erschreckend.
Dat.	Wir sitzen vor einem schönen Bild.	Er spricht von schönen Bildern.

As 'a beautiful picture' will in the plural become, of course, simply 'beautiful pictures', the adjective + noun on the right-hand side of the chart are not preceded by any article.

(b) After possessive adjectives (my, your, etc), after *kein*, and after an adjective + noun *not* preceded by any article, the adjective behaves as it does after *ein*. In the singular these will appear as in 4(a), but the plural is different because 'my', 'your', 'our', 'no', etc have plurals whereas 'a' has not. So the complete chart is:

		singular		plural
	M	F	N	All Genders
Nom.	–er	–e	–es	–en
Acc.	–en	–e	–es	–en
Gen.	–en + –(e)s	–en	–en + –(e)s	–en
Dat.	–en	–en	–en	–en

	singular	**plural**
Nom.	Sein reicher Freund kommt zu Besuch.	Seine reichen Freunde sind schon da.
Acc.	Ich kenne seinen reichen Freund.	Ich hasse seine reichen Freunde.
Gen.	Der Bruder seines reichen Freundes ist tot.	Das Benehmen seiner reichen Freunde ärgert uns.
Dat.	Wir wohnen bei seinem reichen Freund.	Hier ist ein Brief von seinen reichen Freunden.

Note: To prompt you as to whether the adjective qualifying the noun should end in -*e* or -*en* in the plural, here are lists:

alle, diese jene, manche solche, weche?	} gut**en** Menschen {	keine, meine, deine etc. dieselben, diejenigen irgendwelche

viele wenige andere einige einzelne	} gut**e** Menschen {	etliche verschiedene mehrere zahllose zahlreiche

5. Adjective + noun without any article

e.g. old wine, fresh milk, flowing water

In the plural this combination is more frequent; e.g. new houses, beautiful gardens.

	singular			**plural**
	M.	F.	N.	All Genders
Nom.	-er	-e	-es	-e
Acc.	-en	-e	-es	-e
Gen.	-en★	-er	-en★	-er
Dat.	-em	-er	-em	-en + -n

17

⋆ By analogy with the declension of the article, we could expect the adjective in the genitive case of the masculine and neuter genders to end in -*es*, but it does not: the accompanying noun bears this characteristically genitive ending.

	singular	**plural**

Nom.
Acc.
Gen.
 	
Dat.
	Alter Wein schmeckt gut.
	Ich trinke gern alten Wein.
	Der Geschmack alten Weines
	   gefällt mir.
	Mit altem Wein ißt man Käse.
		Alte Weine kosten viel.
		Wir kaufen alte Weine.
		Der Besitzer alter Weine
		   ist glücklich.
		Der Kellner erzählt von
		   alten Weinen.

6. Quantifying words + noun

viel – much, a lot of (always singular)
mehr – more (sing. or plural)
wenig – little (always singular)
weniger – less, fewer (sing or plural)

When they precede a noun, whatever its case, these remain unchanged, e.g.:

Er hat viel Geduld.
Du hast mehr Geduld
Du hast mehr Bücher
Sie hat wenig Geld.
Ich habe weniger Bücher als du.
Mit viel Fleiß hat er das geschafft.

The words 'some', 'any' + a singular noun there is usually no need to translate into German; e.g.

Have you some money? – *Hast du Geld?*
Is there any bread on the table? – *Gibt es Brot auf dem Tisch?*

However, *etwas* or its colloquially shortened form *was* is sometimes used; e.g.

Gib mir was Wasser, bitte! – Give me some water, please.

Do not confuse this *was* with the interrogative *was?* – 'what?'

18

Section III – Adjectives

1. Adjectives describe nouns

(a) The adjective standing alone in the German sentence never adds an ending:

The room is warm – *Das Zimmer ist warm.*
The nights are cold – *Die Nächte sind kalt.*

(b) The adjective which precedes the noun (the qualifying adjective) is dealt with in Section II, 3, 4, 5, above.

(c) The present participle of the verb can be used as an adjective, the English ending –ing (as in 'the dancing girls') finding its German equivalent in -end (*die tanzenden Mädchen*)
Further examples are:

das tanzende Mädchen, das tobende Gewitter, ein bellender Hund, sinkende Temperaturen.

(d) the perfect participle of the verb is also used as an adjective:

die bestellten Waren, der verletzte Fahrgast, eine tapezierte Wand.

(e) Adjectives can be formed from the names of towns by adding -er. This ending never subsequently changes, regardless of the gender or case of the accompanying nouns:

die Berliner Mauer ist weg; wir besuchen den Kölner Dom; die Kieler Woche ist ein Muß für Segler.

(f) Adjectives that end in -el and -er lose the -e- when given an ending:

sauer – sour, bitter: *ich mußte in den sauren Apfel beißen*
dunkel – dark: *der Junge hat dunkle Haare*

Similarly, the adjective *hoch* (high) drops its -c-: *Das ist eine ganz hohe Mauer.*

(g) After *nichts, etwas, viel* and *alles* the adjective is written with a capital and declined:

Bring mir bitte, *etwas Schönes!*
Er hat *nichts Gutes* vor.

19

Viel Schlechtes ist vorgekommen
Ich wünsche dir *alles Gute!*

2. Comparison of adjectives and adverbs

(a) The three degrees of comparison are described as positive, comparative, superlative, as in English 'fast, faster, fastest'.

Similarly in German the comparative and superlative endings are *-er* and *-(e)st*: *schnell, schneller, am schnellsten.*

This superlative form *am schnellsten* is used to signify 'the fastest' when there is no noun following:

John runs fast – *Johann läuft schnell*
Rudi runs faster – *Rudi läuft schneller*
Max runs the fastest – *Max läuft am schnellsten*

(b) Many adjectives and adverbs require an extra *-e* in the superlative:

−t	weit	weiter	am weitesten
−ß	süß	süßer	am süßesten
−d	mild	milder	am mildesten
−sch	frisch	frischer	am frischesten
−au	schlau	schlauer	am schlauesten
−z	kurz	kürzer	am kürzesten
−los	sinnlos	sinnloser	am sinnlosesten
−wert	preiswert	preiswerter	am preiswertesten

(c) As in English, there are irregular comparisons:

	gut	besser	am besten
	viel	mehr	am meisten
	hoch	höher	am höchsten
	groß	größer	am größten
	bald	eher	am ehesten
	gern	lieber	am liebsten
−er	teuer	teurer	am teuersten
−el	dunkel	dunkler	am dunkelsten
	nah	näher	am nächsten

(d) From list (c) one notices that many words add an *Umlaut* in the comparative and superlative forms: alt, arm, kalt, hart, kurz, lang, scharf, schwach, stark, warm, grob, oft, schmal, gesund, dumm.

Some, however, do not add an *Umlaut*: schlank, faul, flach, toll, schwarz, voll.

3. Comparison of the qualifying adjective

positive	comparative	superlative
der gute Wein	*der bessere Wein*	*der beste Wein*
the good wine	the better wine	the best wine

(a) The adjectival endings are all-important here; these forms can be fully declined [see Section II, 3a & 4 a]: Johann ist *ein schneller Läufer*, Franz ist *ein schnellerer Läufer*, Boris ist *der schnellste Läufer von allen*.

(b) Use of *als* after the comparative
younger than – *jünger als*: *Ist sie älter als ihr Bruder?*
Mein Freund hat bessere Noten als ich.

(c) Use of *so . . . wie* – as . . . as
Ich bin genau so groß wie du
Der Apfel schmeckt so gut wie die Birne

(d) Use of *immer* + comparative
He is getting better and better – Er wird *immer besser*
They want to earn more and more – Sie wollen *immer mehr* verdienen

(e) By definition, in German as in English, some adjectives do not lend themselves to comparison:
    leer, tot, rund, viereckig, rechteckig, vollkommen, perfekt, unmöglich, ideal.

4. Adjectives followed by the dative case
The equivalent adjective in English is often followed by 'to':

ähnlich, similar, like to: *mein Bruder ist mir ähnlich*

dankbar – grateful to	*feindlich* – hostile to
gleich – equal to, like	*nötig* – necessary for
gehorsam – obedient to	*verantwortlich* – answerable to
geneigt – well disposed to	*willkommen* – welcome to
lästig – burdensome to	*gnädig* – gracious to
möglich – possible to	*nützlich* – useful to

21

bekannt, known to: *dieser Mann ist uns bekannt*
fremd, strange to: *die Stadt ist uns fremd*
günstig, favourable to: *der Wind ist ihnen günstig*
gemäß, according to: *wir handeln dem Befehl gemäß*
widerlich, repugnant to: *diese Arbeit ist mir widerlich*
treu, faithful to: *der Hund ist seinem Herrn treu*
lieb, dear to: *du bist mir lieb!*
nah, near to, close to: *ich bin ihm nahe*
freundlich, friendly to: *er ist seinen Mitschülern nicht freundlich gewesen*

5. Adjectives followed by the genitive case

The equivalent adjective in English is usually followed by 'of':
gewiß, certain of: *des Sieges gewiß*, certain of victory
müde, tired of: *des ständigen Treibens müde*, tired of the constant
   comings and goings
schuldig, guilty of: *des Stehlens schuldig*, guilty of stealing
sicher, sure (certain) of: *deiner Liebe sicher*, sure of your love
bewußt, conscious of: *keines Fehlers bewußt*, conscious of no mistake.

Note how in German these adjectives come at the end of the phrase

Section IV – Cases and Prepositions

1. Cases: Nominative, Accusative, Genitive, Dative

(a) Nominative case:

(i) The subject of the sentence is always in the nominative case. The subject is the doer of the action; e.g. The man opens the door; or The woman visits her friend.

(ii) The nominative case is always associated with the verbs *sein* – to be, werden – to become, *heißen* – to be called, *bleiben* – to remain; e.g.

der erste Preis ist ein B.M.W.

Mein Freund wird Soldat.

Der Titel des Romans heißt *Der Fremde trug immer Stiefel*

Wirst du mein Freund bleiben?

(iii) The nominative can also be in apposition; e.g. *Der Vater, ein treuer Ehemann*, führte seinen Plan durch.

(b) Accusative case:

(i) The direct object (which suffers the action) is always in the accusative case. One may understand the accusative case by observing that the verb is doing something to the noun. This need not be anything violent: it may be knowing, seeing, hearing, having, liking; e.g.

Wir kennen *den Mann* – We know the man

Er hat *einen Schnupfen* – He has a cold

(ii) Certain prepositions are always followed by the accusative [See Section IV 2 a]

(iii) Many adverbial phrases of time and measurement involve an accusative (See VIII 3, VI 4 b)

(iv) The accusative in apposition
e.g. Wir betrauern den Mann, einen alten Kriegskameraden –
We mourn the man, an old war comrade.

(c) Genitive case:

(i) This is the case of possession and in English is generally signalled by the word 'of' or by 's or s':

the roof of the school – das Dach *der Schule*

the child's mother – die Mutter *des Kindes*

(ii) Certain prepositions are followed by the genitive [see IV 2 c]

(iii) A small number of verbs take the genitive [see IX 5 d]

(iv) A few adverbial phrases of time involve the genitive [see VI 4 c]

(v) The genitive in apposition:

> *Die Hände des Opfers, einer alten Frau, waren schwer verbrannt.*

In spoken German the genitive is often replaced by *von* + dative:
die Mutter von dem Kind – the mother of the child, instead of
die Mutter des Kindes

(vi) The genitive of proper nouns:
In German one never uses an apostrophe:

> *Rudis Freundin kommt zu Besuch* – Rudi's girl friend is coming on a
> visit
> *Beckenbauers Mannschaft hat den Pokal gewonnen* – Beckenbauer's
> team has won the cup
> *Familie Müllers Haus steht in Flammen* – The Müller family's house is
> ablaze
> *Doktor Schmidts Sekretärin ist hier* – Dr Schmidt's secretary is here

In these last two examples only the surname is declined; the title *Herr*,
however, is always declined: *Herrn Brandts Wagen ist kaputt.*

(d) Dative case:
(i) This is used to translate the indirect object.
In the sentence 'he gave his friend the book', for instance, 'his friend'
is the indirect object and 'the book' is the direct object; we could just
as well say 'He gave the book to his friend'. Whichever way we may
choose to say it in English, in German it will be *Er gab seinem Freund
das Buch.*

(ii) Certain prepositions are always followed by the dative [see IV 2 b]

(iii) Some verbs are followed by the dative [see XVIII 3 a]

(iv) The dative in apposition: *Er wohnt in Hamburg, der alten Hanse-
stadt.*

(v) 'Place where' [see IV 2 d]

24

2. Prepositions and their cases

(a) The following are always followed by the accusative:

durch – through: *Wir bummeln durch den Park.*

für – for: *Bist du für die Kernkraft?*

gegen – against: *Ich bin gegen das Rauchen*

ohne – without: *Er kommt ohne einen Mantel.*

um – around: *Sie sitzen um den Tisch*

entlang – along: *Ich gehe die Mauer entlang*

Note: if *entlang* comes after the noun it is followed by the accusative; if put before the noun, it is followed by the dative.

um + *das* is written as *ums*

für + *das*   "   " *fürs*

durch + *das* "   " *durchs*

(b) These prepositions are always followed by the dative:

aus – out of: *Er kommt aus der Kirche.*

bei – near or at someone's place: *Ich wohne bei ihr.*

mit – with, together with: *Sie schreibt mit dem Kuli; ich spiele mit ihr.*

nach – after: *Wir treffen uns nach dem Film.*

seit – since (time): *Er ist seit einer Woche da.*

von – from: *Sie kommen von der Uni.*

zu – to: *Wir laufen zum Bahnhof.*

gegenüber – opposite: *Sie sitzt mir gegenüber.*

außer – apart from: *Alle außer dir fahren mit.*

gemäß – in accordance with: *Er handelte deinem Wunsch gemäß*
    – He acted in accordance with your wish

Note that the noun usually comes after *gegenüber* and *gemäß*.

Again, some prepositions can combine with the pronouns they govern to form a single short word:

bei + dem = beim   zu + dem = zum

von + dem = vom   zu + der = zur

(c) These prepositions are always followed by the genitive:

statt – instead of: *Statt eines Rocks trug sie ein Kleid.*

trotz – in spite of: *Er schwimmt trotz des Regens.*

während – during: *Er hat während des Sommers nicht gearbeitet.*

wegen – because of: *Wegen der Kälte trug sie einen Pelzmantel.*

außerhalb – outside: *Wir wohnen außerhalb der Stadt.*

innerhalb – within: *Innerhalb der Arbeitszeit darf man nicht schlafen.*

25

diesseits – on this side of: *Wir wohnen diesseits der Autobahn.*

jenseits – on the other side of: *Jenseits des Flusses gibt es viel Nebel.*

(d) Certain prepositions are in some circumstances followed by the accusative, and in other circumstances by the dative case. So if the phrase denotes PLACE WHERE, use the dative after it; e.g.

The book is on the table,		–	*Das Buch ist auf dem Tisch,*
"	under the bed,	–	*unter dem Bett,*
"	beside the copy-book,	–	*neben dem Heft,*
"	near the radiator.	–	*neben der Heizung.*

If on the other hand the phrase denotes MOTION TOWARDS, use the accusative after the preposition; e.g.

I place the book on the table		–	*Ich lege das Buch auf den Tisch*
"	" near the chair	–	*Ich lege das Buch neben den Stuhl*
"	" under the lamp	–	*Ich lege das Buch unter die Lampe*
"	" against the vase	–	*Ich lege das Buch an die Vase*

All these prepositions can be followed by the accusative or by the dative case:

an	– at, on, up against
auf	– on top of
hinter	– behind
in	– in, into
neben	– beside
über	– over, above
unter	– under, among
vor	– in front of, before
zwischen	– between

So we can say:

He sits on the bed – *Er sitzt auf dem Bett* (Dative)
He falls on the bed – *Er fällt auf das Bett* (Accusative)

In each of these, English uses the phrase 'on the bed', but the second sentence can be phrased 'onto the bed'. German distinguishes more clearly by using either accusative or dative.

Here is a second example:

He is standing between the pillars – *Er steht zwischen den Säulen*
He runs between the pillars – *Er läuft zwischen die Säulen*

These prepositions may join the article which follows them, to form a single word:

an and *dem* may join to give *am*

in and *dem* may join to give *im*

These three abbreviated forms you'll hear in colloquial use only:

über dem   –   *überm*

unter dem   –   *unterm*

hinter dem –   *hinterm*

Here now are the same prepositions when combined with the definite article in the accusative case:

an das   –   *ans*

in das   –   *ins*

auf das   –   *aufs*

and again, three which you will meet only colloquially:

hinter das   –   *hinters*

unter das   –   *unters*

über das   –   *übers*

The following verbs are associated with PLACE WHERE, the interrogative word *Wo?* and, of course, the dative case:

liegen – to lie (be lying, or to be situated): *Wo liegt das Buch? Auf dem Tisch*

stehen – to be standing (to stand): *Wo steht der Mann? Unter dem Baum.*

sitzen – to be sitting (to sit): *Wo sitzt das Baby? Im Kinderwagen.*

hängen – to be hanging (to hang): *Wo hängt das Bild? An der Wand.*

stecken – to be sticking (held in and sticking out of): *Wo steckt die Zeitung? In der Tasche.*

These verbs are all strong verbs except *stecken* [see Section XX 4, for strong verbs]

The following verbs are associated with MOTION TOWARDS, the interrogative word *Wohin?* – 'To where, whither?', and the accusative case.

legen – to put someone or something in a horizontal position: *Wohin legt er das Buch? Auf den Tisch*

stellen – to put someone or something in a vertical position: *Wohin stellt er die Vase? Neben die Uhr*

27

setzen – to put someone or something in a sitting position: *Wohin setzt sie das Baby? In den Kinderwagen*

hängen – to hang something up: *Wohin hängst du das Bild? An die Wand*

stecken – to put something so that it is concealed yet may be protruding: *Wohin steckt sie die Zeitung? In die Tasche*

These are all weak verbs [see Section IX 1]

Of course, the strong verbs *gehen* and *fahren* are characteristically associated with MOTION TO, *wohin* and the accusative:

Wohin gehst du? In die Stadt.
Wohin fahren wir dieses Jahr? Ins Ausland.

3. Prepositions which express time

English idiom prompts us to say 'on Monday', 'at mid-day', 'in the winter', and the same variation exists in German.

(i) In relation to 'a day' or 'part of a day' use *an* + dative:

on Monday	– *am Montag*
in the evening	– *am Abend*
at mid-day	– *am Mittag*
on my birthday	– *an meinem Geburtstag*
on the following day	– *am folgenden Tag*
But: at night	– *in der Nacht*

(ii) In relation to weeks, months, seasons, years, use *in* + Dative:

in a week	– *in einer Woche*
in May	– *im Mai*
in summer	– *im Sommer*
in the year 1991	– *im Jahre 1991*
this week	– *in dieser Woche*

(iii) *zu* is used in:

at Christmas	– *zu Weihnachten*
at Easter	– *zu Ostern*
at Whit	– *zu Pfingsten*
now, at present, at the present time	– *zur Zeit*
at this time/that time	– *zu dieser Zeit/zu jener Zeit*

(iv) To pin-point time on the clock use the preposition *um*:

he comes/he's coming at 2 o'clock – *er kommt um zwei Uhr*
he comes/he's coming shortly
before or after 2 o'clock. – *er kommt gegen zwei Uhr*

(v) In reply to the question *seit wann?* – since when? use *seit* + Dative:

> *Seit wann wohnst du hier?* – *seit mehreren Jahren* – I've been living here for several years
>
> *seit gestern, seit einem Monat, seit Weihnachten*

(vi) The use of double prepositions to express certain time concepts:

> *Er schlief bis in den Tag hinein* – He slept right into the daylight hours
>
> *Kannst du nicht bis nach dem Film warten?* – Can you not wait until after the film?
>
> *Bis vor kurzem habe ich mich damit beschäftigt* – up until a short time ago I occupied myself with that.
>
> *Wir feiern von morgens bis abends* – we celebrate from morning to evening
>
> *Von nun an mache ich das allein* – from now on I am doing that on my own

(vii) 'Ago' is translated by *vor* + dative:

> two years ago – *vor zwei Jahren*
>
> a week ago – *vor einer Woche*

For other expressions of time, see section on adverbs.

4. Prepositions signifying MOTION TOWARDS

'Motion to' usually involves the accusative case but, of course, if *zu* is used, it must be followed by the dative. The use of *nach* will be dealt with separately. The preposition you choose depends on where you're going!

(i) *zu* meaning 'to' is generally used with buildings:

> *Wir gehen zur Schule, zur Post, zur Jugendherberge.*

But with certain buildings *auf* + accusative is used, instead of *zu*:

> *Ich gehe auf die Uni* – I am going to the university
>
> *Ich will auf die Post* – I want to go to the post-office

This usage is thought to derive from the flight of steps which led up to those buildings.

(ii) *in* + accusative is used when going into a building where you intend to spend some time:

> *Heute abend gehen wir in die Disko.*
>
> *Gehst du ins Kino?*
>
> *Wir wollen ins Hallenbad.*

(iii) *an* + accusative is used to indicate motion to the edge or up to (and no farther):

Fahren wir ans Meer? – Are we travelling to the sea?
Ich gehe ans Ufer – I'll walk to the river-bank

(iv) *nach* is used to translate 'to' before named cities and countries of neuter gender only:

nach Berlin, nach Deutschland;
but with countries whose proper names are masculine, feminine, or in the plural, we use *in* + accusative case:

Wir fahren in die Schweiz, in die USA, in den Irak

After these adverbs of place *nach* indicates movement towards:

| | *nach* meaning 'to' |

innen, oben, hinten, vorne, außen, unten, links, rechts
nach Hause – homewards

Nach means 'towards' when we're speaking of the points of the compass

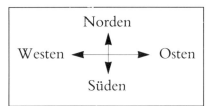

In these sentences *nach* means 'according to':

Nach der Umfrage benutzen drei von vier Hausfrauen Persil
Nach dem Gesetz darf ich nicht stehlen
Die Musiker spielen nach Noten
Meiner Meinung nach hast du Recht
Nach Angaben der Polizei hat der Täter eine Lederjacke getragen.

| *nach* meaning 'according to' |

Here *nach* has temporal significance; it means 'after':

Nach der Schule gehen wir spazieren
Nach dem Film trinken wir ein Bier
Nach dem Popkonzert gehen wir nach Hause!

| *nach* meaning 'after' |

(v) The use of double prepositions in MOTION TOWARDS:

bis an: Ich begleite dich bis an die Tür – I'll go with you as far as the door.
bis vor: Fahr das Auto bis vor die Garage – drive the car right up to the garage

bis hinter: bis hinter die Mauer – right up to the far side of the wall
bis in: Ihr Sohn trug ihr die schweren Einkaufstaschen bis ins Haus – Her
    son carried the heavy shopping-bags right into the house for her.

Whereas all of the double prepositions above have governed the
accusative case, *bis zu* governs the dative:
Ich begleite Sie bis zur Haltestelle – I'll go with you as far as the bus-stop
Similarly bis nach:
Komm bis nach Hause mit! – Come with me as far as our/your house!

(vi) gegen + accusative:
Er fuhr gegen einen Baum – He drove into a tree
Das Auto ist fast gegen das Tor gefahren – The car nearly crashed into
    the gate

5. Prepositions signifying PLACE WHERE
[See also Section IV 2 b]
(i) in + dative
Er wohnt in einem Dorf – He lives in a village
Meine Eltern sind im Ausland – My parents are abroad
Die Blumen stehen in der Vase
Es steht in dem Zeitungsartikel geschrieben – It is written in the news-
    paper article
Im zweiten Programm gibt es einen Krimi – There is a detective film
    on the second tv channel

(ii) an + dative
As before, *an* is used to denote 'at the edge of' or 'up against':
Wir sind auf Urlaub am Meer – We are on holiday by the sea
Wer ist an der Tür? – Who's at the door?
Der Fischer sitzt am Ufer – The fisherman is sitting on the riverbank
Er wohnt an einem See – He lives by a lake
Frankfurt liegt an der Oder

(iii) auf + dative
(a) The usual meaning is 'on', 'on top of':
Die Tasse steht auf dem Tisch – The cup is on the table
Es gibt eine Demonstration auf der Straße – There's a demonstration in
    the street.
However, less literally *Er wohnt auf dem Lande* means 'in the country'
as opposed to 'in the city'

31

(b) *Sie ist auf der Post, auf der Uni, auf dem Bahnhof* – at the post office, university, railway station.

(c) *Meine Schwester ist zur Zeit auf Urlaub* – My sister is on holiday at the moment
Der Bettler is blind auf einem Auge – The beggar is blind in one eye
Gestern war ich auf der Jagd – Yesterday I was out hunting

(iv) *bei* + dative has several meanings.
(a) near, in the vicinity of:
Sie wohnt in Grafrath bei München – She lives in Grafrath near Munich
Bleib beim Gepäck! – Stay beside the luggage!

(b) at someone's home or workplace:
Er wohnt bei uns – He lives at our place, house
Ich war beim Zahnarzt – I was at the dentist's.
Mein Bruder arbeitet bei einer Elektrofirma – My brother works for an electrical firm.
Er is beim Militär – He is in the army

(v) *hinter* + dative
(a) behind:
Der Schuppen steht hinter dem Haus – The shed stands behind the house.

(b) after:
Wie heißt die erste Station hinter Bonn? – What is the name of the first station after Bonn?
Ein Fragezeichen steht hinter dem Satz – There is a question mark at the end of the sentence
Die Polizei ist hinter ihm her – The police are after him

(vi) *vor* + dative
(a) in front of:
Ein Auto hält vor dem Haus. – A car stops in front of the house.
Das hat er vor Zeugen gesagt. – He has said that in front of witnesses.

(b) before:
Er steht vor dem Gericht. – He is before the court.
Jetzt stehen wir vor der Wahl. – Now we are faced with the choice.

(vii) *über* + dative
> above, over: *Familie Müller wohnt über uns.* – The Müller family lives above us
>
> *Wer steht über der Straße?* – Who is standing on the other side of the road?
>
> *Der Direktor steht über mir* – The director is my superior

(viii) *unter* + dative: underneath, among
> *Der Keller liegt unter dem Haus* – The cellar is beneath the house
>
> *Ein Dieb befindet sich unter uns* – There is a thief amongst us
>
> *Was trägt er unter dem Pulli?* – What is he wearing under the pullover?

(ix) Memorise these:
> *zu Hause* – at home
>
> *draußen im Freien* – outside in the open air
>
> *an der Kasse* – at the box-office, cash-desk, check-out
>
> *am See* – by the lake BUT *an der See* – by the sea
>
> *auf der Reise* – on one's travels

6. Prepositions and emotions

(a) *aus, bei, in, mit, vor, zu* are used to explain behaviour, or to express one's feelings and state of mind.

(i) *aus:*
> *Aus Freude, zu Hause zu sein, ging er in die Kneipe* – Out of joy at being at home, he went to the pub
>
> *Aus Angst vor dem Schulzeugnis wollte er nicht nach Hause* – For fear of his school report, he did not want to go home
>
> *Aus Eifersucht hat er seinen Freund verraten* – Out of jealousy he has betrayed his friend

(ii) *bei:*
> *Bei all seiner Klugheit hat er nichts erreicht* – With all his cleverness he has achieved nothing
>
> *Bei diesen hohen Preisen kaufe ich nicht ein* – At these high prices I am not buying

(iii) *in:*
> *In seiner Not ging er zum Direktor* – In his need he went to the director
>
> *In ihrer Verzweiflung wollte sie mit niemandem sprechen* – In her despair she wished to speak with no-one

(iv) *mit:*

Er hat das mit Absicht gemacht – He has done that intentionally

Mit großer Freude kam er auf mich zu – He came up to me with great
joy

(v) *vor:*

Die Kinder sterben vor Hunger – The children are dying of hunger

Er zittert vor Angst – He trembles with fear

Er wurde rot vor Wut – He got red with rage

(vi) *zu:*

Zu meinem großen Erstaunen hat er es geschafft – To my great amaze-
ment he has achieved it

Zu meiner großen Freude ist der Krieg nicht ausgebrochen – To my great
joy war has not broken out

(b) the preposition *in* occurs in these phrases:

alles in Ordnung?	– everything in order?
in Ohnmacht fallen	– to fall into a faint
in seinem Alter	– at his age
im großen und ganzen	– by and large
in dieser Hinsicht	– in this respect
das Gesetz tritt in Kraft	– the law comes into effect
im allgemeinen	– in general

(c) *bis* + another preposition.

bis zu: Man kann bis zu 500 DM pro Woche verdienen – It's possible
to earn as much as 500 Marks per week

bis auf: Er ist bis auf die Haut naß – He's soaked to the skin

Alle bis auf den letzten Mann sind ums Leben gekommen – All down to
the last man have perished

Bis auf dich sind alle fertig – All are ready except for you

(d) *von* + another preposition

von hier aus hat man einen schönen Blick aufs Meer – From here one
has a beautiful view of the sea

von der Kreuzung ab geht es steil hinauf – Beyond the cross-roads the
road rises steeply

7. Prepositions after adjectives

English phrases like 'proud of', 'enthusiastic about', 'rich in', 'angry with' consist of an adjective followed by a preposition. German usage is similar.

(a) Adjective + preposition + accusative

achtsam auf – heedful of
ärgerlich über – vexed about
aufmerksam auf – attentive to
besorgt um – concerned for
  (someone's well-being)
böse auf – angry at
eifersüchtig auf – jealous of
erstaunt über – amazed at

froh über – happy about
geeignet für – qualified for, suited to
gewöhnt an – accustomed to
neidisch auf – envious of
stolz auf – proud of
verliebt in – in love with
zornig auf – angry with
wütend über – raging over

(b) Adjective + preposition + dative

abhängig von – dependent on
arm an – poor in, lacking in
bange vor – afraid of
begeistert von – enthusiastic about
bekannt mit – acquainted with
bereit zu – ready for
blaß vor – pale with
dicht an – close by
fähig zu – capable of
freundlich zu – kind to
frech zu – cheeky to
genug an – enough of

gierig nach – greedy for
höflich zu – polite to
interessiert an – interested in
knapp an – scarce in
krank an – sick from
nötig zu – necessary for
reich an – rich in
rot vor – red with (anger, shame)
sicher vor – safe from
stumm vor – dumb with (rage, fear)
überzeugt von – convinced of
verlobt mit – engaged to

(c) Adjective + preposition + genitive

bekannt wegen – known for (some quality etc)
berühmt wegen – famous on account of
berüchtigt wegen – notorious for

For the prepositions which follow verbs, see section XX 1, 2, 3.

Section V – Pronouns

1. Personal pronouns

e.g. John lives there. *He* is a friend of mine

Mary owns a boutique. *She* is quite wealthy

The people are unhappy. *They* want more freedom

In the second sentence of each pair, the personal pronoun replaces the noun which was the subject of the first sentence.

(a) Here is a list of the personal pronouns in German

ich – I	*wir* – we
du – you (singular)*	*ihr* – you (plural)
er – he	*sie* – they
sie – she	*Sie* – you**
es – it	

* familiar form used between friends and within the family unit
** singular & plural: used in speaking to people with whom you are not on first-name terms, to express respect and to denote authority.

These pronouns can be declined as follows:

	Singular				Plural			
Nom.	ich	du	er	sie	es	wir	ihr	sie	Sie*
Acc.	mich	dich	ihn	sie	es	uns	euch	sie	Sie*
Dat.	mir	dir	ihm	ihr	ihm	uns	euch	ihnen	Ihnen*

* Note that this form is always written with a capital letter
Exceptionally in a letter *Du* and *Ihr* (with their corresponding adjectives *Dein* and *Euer*) are written with capital letters.

Here, now, is the first person plural, in each of the three cases:

Nom. *Wir* sitzen in der Sonne

Acc. Unsere Eltern rufen *uns*

Dat. Der Chef spricht mit *uns*

And here is the second person singular:

Nom. *Du* bist meine Freundin
Acc. Ich liebe *dich*
Dat. Heute abend komme ich *zu* dir

(b) *er* refers to a masculine noun regardless of whether it is a person or not. Likewise a feminine noun, whether animate or inanimate, is referred to as *sie*. And *es* refers only to a neuter noun.

Ist der Bleistift stumpf? – Nein, er ist spitz. (*der* in the question prompts *er* in the answer)
Ist die Blume rot? – Nein, sie ist gelb. (*die* prompts *sie*)
Ist das Auto neu? Nein, es ist alt. (*das* prompts *es*)
Sind die Fasane zahm? – Nein, sie sind wild. (*die* prompts *sie*)

2. Interrogative pronouns

(a) Most of these start with *w* both in English and in German.

wer? – who?
was? – what ?
wofür? – for what?
womit? – with what?
worüber? – about what?
worauf? – upon what?
wovon? – of what?
woran? – at what?

the meaning can depend on the verb; see Section XX 1, 2

Of the above, only *wer* is declined:

Acc. *wen?*
Gen. *wessen?*
Dat. *wem?*

Wer klopft an die Tür? – Der Milchmann
In wen bist du verliebt? – In Rudi.
Mit wem fährst du in Urlaub? – Mit meinem Freund.
Wessen Heft ist das? – Es ist Heinrichs.
Was kommt um die Ecke? – Ein L.K.W.
Was siehst du? – Ich sehe eine Maus

also
see
2 b ii
{
Mit was schreibst du? – Mit einem Filzstift
Von was sprechen sie? – Vom Wetter
An was denkt er? – An den Urlaub
Über was freust du dich? – Über deinen Besuch
Auf was wartet er? – Auf den Bus.

(b) One distinguishes between persons and objects:
(i) Questions about persons:
> *Auf wen wartest du? Auf Willi? – Ja, ich warte auf ihn.*
> *Bei wem wohnt er? Beim Bäcker? – Ja, er wohnt bei ihm.*
> *An wen denkt er? An seine Freundin? – Ja, er denkt an sie.*

(ii) Questions dealing with objects:
> *Womit (or mit was) schreibt sie? Mit dem Bleistift? – Ja, sie schreibt damit.*
> *Woran (an was) denkst du? An den Unfall? – Ja, ich denke daran.*
> *Worauf (auf was) wartet sie? Auf den Zug? – Ja, sie wartet darauf.*
> *Wofür (für was) interessiert er sich? Für Filme? – Ja, er interessiert sich dafür.*
> *Worüber (über was) freuen sie sich? Über den Sieg? – Ja, sie freuen sich darüber.*

The above words, which are called pronominal adverbs, can be listed as follows:
firstly those formed from prepositions governing the accusative case:

wodurch – dadurch	wofür – dafür
wogegen – dagegen	worum – darum

secondly those formed from prepositions governing the dative case:

woraus – daraus	wobei – dabei
womit – damit	wonach – danach
wovon – davon	wozu – dazu

thirdly, those formed from prepositions governing sometimes the accusative and sometimes the dative case:

woran – daran	worauf – darauf
worin – darin	worüber – darüber
worunter – darunter	wovor – davor

(see list of verbs + prepositions) in Section XX 1, 2, 3

3. Reflexive pronouns
These are identifiable by the ending '-self' in English,
and they correspond to the personal pronouns:

ich: mich – myself	*wir: uns* – ourselves
du: dich – yourself	*ihr: euch* – yourselves
er: sich – himself	*sie: sich* – themselves
sie: sich – herself	*Sie: sich* – yourself or yourselves
es: sich – itself	

Many are used reflexively in German which are not so in English:

Ich sehne mich nach etwas – I long for something

Ich erinnere mich an Else – I remember Else

Er freut sich sehr – He's very happy

Wir fühlen uns wohl – We feel good

Die Eltern machen sich Sorgen um die Kinder – Parents worry about their children; lit. make for themselves worries

Although *sich* is not declined, and *uns* and *euch* are both accusative and dative case, elsewhere we see the reflexive pronoun take two distinct forms: *ich mache mir Sorgen / du machst dir Sorgen* showing the dative reflexive, as distinct from *ich erinnere mich / du erinnerst dich*, which show the accusative.

4. Indefinite pronouns

(a) *man* – one, people, they, you in phrases like 'one hears', 'people say', 'they tell you', 'you find' . . .

man is always singular; the accusative form is *einen* and the dative *einem*.

Was sagt man dazu? – What does one say to that?

Wie reagiert man darauf? – How are people reacting to that?

Solches Benehmen ärgert einen – Such behaviour annoys one

Diese Sachen werden einem nicht jeden Tag geboten – These things are not offered one every day

(b) *jemand* – someone, *niemand* – no one

Jemand hat an die Tür geklopft – Someone has knocked on the door

Niemand interessiert sich dafür – Nobody is interested in that

Note: *-en* and *-em* are sometimes added in the accusative and dative cases, to give *jemanden, jemandem; niemanden, niemandem.*

(c) *einige, andere, manche, viele, wenige, etliche, mehrere, alle, einzelne, keine,* all of which are plural.

Einige wollen dies, andere das – some want this, others that

Viele wollen mitfahren aber manche bleiben lieber hier – Many want to travel with the group but some prefer to remain here

Nur wenige machen mit – only few participate

Viele wurden schwer verletzt, mehrere (etliche) leicht verletzt – Many were severely injured, several slightly injured

39

(d) *etwas, nichts, alles, irgend jemand, irgendwas, irgendeiner, jeder einzelne, einer, keiner*, all of which are essentially singular.

Brauchst du etwas/was? – Nein, ich brauche nichts. Ich habe alles.

Irgendjemand hat das mir gesagt – Somebody has told me that

Irgendwas muß doch geschehen! – Something or other must indeed happen!

Irgendeiner wollte dich sprechen – Someone or other wished to speak to you

Jeder einzelne hat seine Pflicht – Every single person has his obligations

einer/keiner deserve special mention;

Haben Sie hier einen Mann gesehen? – Ja, dort steht *einer*/Nein, hier ist *keiner*.

Haben Sie hier eine Frau gesehen? – Ja, dort steht *eine*/Nein, hier ist *keine*

Ich suche ein Heft. – Da liegt doch *eines* (*eins*, also)/Hier ist *keines* (*keins*)

Waren hier Jungen? – Nein, hier waren *keine*

Ich brauche einen Apfel. – Hol doch *einen*

Möchten Sie Wein? – Nein, danke, ich trinke *keinen*

Ein Auto kommt! – Was für *eins*?

Ein Herr steht vor der Tür! – Was für *einer*?

		singular		plural
	M	F	N	all genders
Nom.	(k)einer	(k)eine	(k)eins	keine
Acc.	(k)einen	(k)eine	(k)eins	keine
Dat.	(k)einem	(k)einer	(k)einem	keinen

Welcher, welche, welches is somewhat similar; e.g.

Ich brauche Käse. – Da liegt *welcher*

Wo ist die Butter? – Da liegt *welche*

Ich brauche dringend Geld. – Hier hast du *welches*

Wo sind die Äpfel? – Hier sind *welche*

Ich brauche noch Brot. – Was für *welches*? – Schwarzbrot, bitte.

Ich brauche Kleingeld. – Was für *welches*? – Markstücke!

	singular			plural
	M	F	N	all genders
Nom.	welcher	welche	welches	welche
Acc.	welchen	welche	welches	welche
Dat.	welchem	welcher	welchem	welchen

5. Possessive pronouns

These replace the noun qualified by a possessive adjective; they are declined like *welcher, welche, welches*:

Ist das dein Auto?	– Ja, das ist *meines/meins*
Ist das dein Hut?	– Ja, " " *meiner*
Ist das deine Bluse?	– Ja, " " *meine*
Sind das eure Häuser?	– Ja, das sind *unsere*

Helga, ich habe heute kein Fahrrad. Darf ich *deins* nehmen?
Fahrt ihr mit eurem Wagen? – Ja, wir fahren mit *unserem/unserm*

Here is the chart for one such possessive pronoun:

	singular			plural
	M	F	N	all genders
Nom.	meiner	meine	mein(e)s	meine
Acc.	meinen	meine	mein(e)s	meine
Dat.	meinem	meiner	meinem	meinen

6. The impersonal pronoun *es*

Its use as a substitute for the neuter noun we have already seen in 1a & b; e.g. Wo ist das Lineal? – *Es* ist hier.
However, it is used also as the impersonal subject

(a) in phrases such as
es regnet, *es* schneit, *es* klopft, *es* klingelt, *es* kommt niemand, *es* gelingt mir. Wie geht *es* dir? – *Es* geht mir gut!
Wie gefällt *es* Ihnen hier? – Ganz gut, danke!
Es ist kalt. *Es* riecht nach Suppe. Ich habe *es* eilig.

Sie ist müde aber ich bin *es* noch nicht.
Es ist mir egal.
Bist du *es*? (is that you?) – Ich bin *es* (it's me).
Es ist noch eins übrig – there is still one left over
Es sind zwei von ihnen – there are two of them

(b) *es gibt* – there is or there are
es gibt followed by the accusative case is used to express the 'indefinite existence' of something or somebody, without precisely pinpointing the location;
Im Dschungel gibt *es* gelbe Schlangen – there are yellow snakes in the jungle
Es gibt Tiere, die im Winter schlafen – there are animals which sleep in winter
Es gibt viele Geschichten, die nicht wahr sind – there are many stories which are not true

(c) *es ist, es sind* – there is, there are, followed by the nominative case, are used to express the definite existence of something or somebody, usually in a small, distinct location:
Es ist ein Herr im Wohnzimmer – there is a gentleman in the living room
Es sind Bücher hier auf dem Stuhl – there are books here on the chair
Es waren viele Kinder auf dem Schulhof – there were many children in the school-yard
However, *es* is omitted in inversion:
Im Wohnzimmer ist ein Herr
Auf dem Stuhl sind Bücher
Auf dem Schulhof waren viele Kinder.

(d) *es* is often used to introduce an infinitive clause:
es ist schön, in der Sonne zu sitzen.
es ist fast unmöglich, ihr eine Freude zu machen.
es ist wunderbar, draußen im Freien zu sein.

(e) es is often used in this passive voice construction:
es wird sonntags nicht gearbeitet – one does not work on Sundays
es wird hier nicht geraucht – one does not smoke here
es wurde mir geantwortet –·I got an answer
es wird darüber diskutiert – it is discussed

7. Relative pronouns

As the name suggests, this relates to an aforementioned noun.

In the sentence 'The beggar, who is sitting here, knows me', 'who' is the relative pronoun; it relates to the noun 'beggar', so that it will agree with 'beggar' in gender and in number, but it will take its case from its own clause.

Since 'who' is subject in the clause 'who is sitting here', 'who' will be nominative case, singular number and masculine gender: *der Bettler, der hier sitzt, kennt mich.*

Here is the chart for the relative pronoun

	singular			plural
	M	F	N	all genders
Nom.	der	die	das	die
Acc.	den	die	das	die
Gen.	dessen	deren	dessen	deren
Dat.	dem	der	dem	denen

Of course in English we use 'who' when the subject is animate, and 'that' or 'which' when the subject is inanimate. German acknowledges no such distinction:

das Auto, das . . . – the car which . . .
das Mädchen, das . . . – the girl who . . .

	singular	plural
Nom.	Der Mann, *der raucht,* heißt Schmidt.	Die Männer, *die singen,* kommen aus Köln.
Acc.	Der Mann, *den ich kenne,* heißt Braun.	Die Männer, *die ich kenne,* kommen aus Bonn.
Gen.	Der Mann, *dessen Tochter* hier ist, heißt Müller.	Die Männer, *deren Kinder* hier sind, kommen aus Koblenz.
Dat.	Der Mann, *mit dem* ich spreche, heißt Kramer.	Die Männer, *gegenüber denen wir sitzen,* kommen aus Berlin.

43

As you see, the relative clause is 'marked off' from the main clause by a pair of commas.

8. Distinction between *welcher, welche, welches* and *was für ein?, was für eine?*

The question introduced by *welch–* expects the definite article 'the' in the answer,

e.g. Which dress are you wearing to-day? – The blue one.

On the other hand, the question introduced by was *für ein(e)?* expects the indefinite article in the answer (if the noun is singular!)

e.g. What kind of a car is she driving? – a Porsche!

What kind of shoes are you wearing? – Blue ones!

Some examples:

(a) *Welches* Kleid trägst du heute? – Das rote oder das blaue!

Welche Kinder spielen da *drüben*? – Die Kinder von Frau Braun!

Mit *welchem* Auto fahren wir? – Mit dem Mercedes!

(b) *Was für ein* Auto fährt er? – Einen V.W.

Mit *was für einem* Spielzeug spielt das Kind? – Mit einem Modellauto.

Was für Kleider trägt Steffi? – Immer modische!

9. Demonstrative pronouns

(a) *der, die, das*, which is also, of course, the definite article, we meet here in a new light.

Hast du *den* Käse probiert? *Der* schmeckt wunderbar! – Have you tried the cheese? it tastes wonderful!

Den werde ich kaufen! – That I will buy.

Dessen Geschmack gefällt mit! – I like the flavour of that.

Von *dem* bin ich sehr begeistert! – I'm thrilled with it!

(b) *dieser, diese, dieses*

Wie finden Sie die Pullover? – *Dieser* hier ist sehr warm, aber ich habe *diesen* lieber; er ist meine Lieblingsfarbe. Mit *diesem* bin ich in der Mode.

Was halten Sie von den Puppen? – *Diese* hier gefallen mir. *Diese (jene)* aber sind furchtbar!

10. Relative pronouns *wer* and *was*

He who works hard, is successful – *Wer fleißig arbeitet, (der) ist erfolgreich!*

He who pays cash, buys cheaply! – *Wer bar zahlt, (der) kauft billig!*

In these examples, *der* is not essential, but if one begins with the main clause, then one must omit it:

    Billig kauft, wer bar zahlt!

    Erfolgreich ist, wer fleißig arbeitet!

    Glücklich ist, wer im Lotto gewinnt.

Both *wer* and *der* can be declined:

Wen man erkennt, den grüßt man! – Whomsoever one recognises, one salutes that person, or, We greet anyone we recognise.

Wem wir gratulieren wollen, dem geben wir die Hand! – Whomsoever we want to congratulate, to that person we give the hand; or less literally but more naturally, We shake hands with someone we wish to congratulate

Just as *wer* refers to people, *was* relates to objects:

Was ich gern habe, (das) kaufe ich – Whatever I like, I buy

was is also commonly used with *alles, nichts, etwas*:

Er vergißt nichts, was er gelernt hat – He forgets nothing that he has learned.

Da ereignete sich etwas, was nicht zu erwarten war – Then something happened which was not to be expected

Er kauft nur das, was er braucht – He buys only what he needs.

45

Section VI – Adverbs

While in English the adverb is often recognisable by the ending '-ly', in German it often has the same form as the adjective; thus *schnell* means both 'quick' and 'quickly', and *gut* means both 'good' and 'well'

Adverbs are not declined, but those resembling adjectives can be compared [see Section III 2 a]

There are several types of adverbs

1. Interrogative adverbs
As in English these start with 'w', and stand at the beginning of the sentence:

wann? – when? *Wann fährt der Bus ab? Um 2 Uhr?* – When does the bus leave? At two o'clock?
warum? – why? *Warum weint der Bube? – Er ist so müde.*
wo? – where? *Wo wohnt sie? – In Hannover.*
woher? – from where? (whence?) *Woher kommst du? – Von der Schule.*
wohin? – to where? (whither?) *Wohin gehst du? – In die Stadt.*
wie? – how? *Wie geht es dir? – Sehr gut, danke!*
wieviel? – how much? *Wieviel Geld hat er? – Ich glaube, er ist pleite.*
wie viele? – how many? *Wie viele Schüler sind in der Klasse? – Vierzig!*

2. Frequentative adverbs
-mal tells the number of times, as in *einmal* – once, *zweimal* – twice
zwanzigmal – twenty times, *tausendmal* – a thousand times;
mehrmals – several times
immer, stets – always:
  Er ist fast immer betrunken – he is almost always drunk
nie, niemals – never:
  Ich bin nie in Berlin gewesen – I have never been in Berlin
selten – seldom:
  Er kommt selten zu mir – He seldom comes to me
manchmal – sometimes:
  Manchmal denke ich an dich – I sometimes think of you
oft – often:
  Wie oft treffen wir uns? – How often do we meet each other?
ab und zu, dann und wann – now and then:
  Ich spiele Schach ab und zu

46

immer wieder – again and again:
  Du machst das immer wieder
gelegentlich – occasionally:
  Erst gelegentlich kommt er zu Besuch – he comes only occasionally on
  a visit
häufig – frequently
gewöhnlich – usually
täglich, wöchentlich, monatlich, jährlich – daily, weekly, monthly, annually.
morgens, mittags, nachmittags, abends, nachts – in the mornings, at mid-
  day, in the afternoons, in the evenings, at night
montags – on Mondays; *dienstags* – on Tuesdays

3. Other temporal adverbs

jetzt, nun – now:
  Jetzt ist es höchste Zeit – It's high time now.
heute, heute früh, heute nachmittag, heute abend – to-day, this morning,
  this afternoon, this evening
Den Wievielten haben wir heute? – What date is to-day?
Heute früh bin ich um 6 Uhr aufgestanden – I got up at six o'clock this
  morning
gestern, vorgestern, morgen, übermorgen:
Was hast du vorgestern gemacht? – What did you do the day before
  yesterday?
Der Zirkus kommt übermorgen. – The circus is coming the day after
  tomorrow
Gestern regnete es; morgen wird es wahrscheinlich schneien – It rained
  yesterday; it will probably snow tomorrow
heutzutage – nowadays:
  Heutzutage nimmt die Zahl der Arbeitslosen zu – nowadays the
  number of the unemployed is growing
früher – formerly:
  Sie arbeitete früher bei Krupps – She formerly worked at Krupps
damals – at that time:
  Damals wußte ich nichts davon – I knew nothing about it at that time
neulich – recently:
  Ich hatte neulich Pech – I had a bit of bad luck recently
vor kurzem – a short time ago:
  Er ist vor kurzem gestorben – He died a short time ago

gerade – just:
  Mein Freund ist gerade nach Hause gegangen.
bald – soon:
  Wir treffen uns bald – We'll meet each other soon
wieder – again:
  Wann treffen wir uns wieder? – When shall we meet again?
später – later:
  Er kommt später – He'll come later
vorher – previously, prior to:
  Zwei Wochen vorher bin ich im Ausland gewesen – I was abroad two
  weeks prior to that
danach – after that:
  *Du bleibst zwei Wochen bei uns und danach kannst du im Hotel über-
  nachten* – You'll stay two weeks at our place and after that you can
  stay overnight in the hotel
erstens, zweitens, drittens u.s.w. – in the first place, in the second place,
in the third place. etc:
  *Du darfst nicht allein in Urlaub fahren, denn erstens bist du zu jung,
  zweitens ist es zu gefährlich, und drittens ist deine Mutter total dagegen* –
  You may not go alone on holiday – in the first place you're too
  young, secondly it's too dangerous, and thirdly, your mother is
  completely against it.
zuerst – at first:
  Zuerst wollte ich mitfahren, dann schlief ich ein – At first I wanted to
  travel with them, then I fell asleep
zunächst – first of all:
  Zunächst der Wetterbericht! – First of all the weather report!
nachher – afterwards, later:
  Bis nachher/später – see you later!
zuletzt – last of all:
  Zuerst ich, dann du und zuletzt Andreas – I first of all, then you and
  last of all Andreas
endlich – finally, at last:
  Endlich bist du da! – You're here at last
schließlich – finally, to close with, to end with:
  Und schließlich ein dreifaches Hoch auf die Sieger – And finally, three
  cheers for the winners!
bisher – up to now:
  Ich hatte bisher Glück – I was lucky up to now

inzwischen – meanwhile, in the meantime:
> *Ich mache die Betten und inzwischen kannst du die Zeitung lesen* – I'll make the beds and in the meantime you can read the paper

4. Adverbial time phrases

(a) Duration of time, or 'time how long', is expressed by the accusative case alone, or by inserting *lang* after the period of time:
Er wartete drei Jahre/er wartete drei Jahre lang – He waited for 3 years
Sein Leben lang hat er fleißig gearbeitet – All his life he has worked hard

einen Monat lang, eine Woche, ein Jahr lang, zwei Tage lang, drei Wochen lang, vier Jahre
monatelang – for months; *jahrelang* – for years; *wochenlang* – for weeks on end; *stundenlang* – for hours.

(b) Use of the accusative case alone to express Point of time, instead of *in* or *an* + dative:

> *jeden Tag* – every day
> *jeden Abend* – every/each evening
> *jede Woche* – every week
> *jeden Monat* – every month
> *jedes Jahr* – each year

> *letztes Jahr, letzte Woche* – last year, last week
> *vorletztes Jahr* – the year before last
> *nächstes Jahr* – next year
> *übernächstes Jahr* – the year after next

(c) Indefinite time phrases in the genitive:
> *eines Tages* – one day
> *eines Morgens* – one morning
> *eines Abends* – one evening
without any exact indication of which

5. Adverbs denoting location

Questions about position and place characteristically begin with
wo? – where? *wohin?* – to where? *woher?* – from where?

The adverbs necessary to answer these questions fall into three groups:

(a) *Wo?*

hier	–	here
dort/da	–	there
oben	–	above
unten	–	below
hinten	–	at the back
vorn(e)	–	at the front
draußen	–	outside; *draußen ist es kalt*
drinnen	–	inside; *drinnen ist es warm*
außen	–	on the outside; *außen ist die Tür rot*
innen	–	on the inside; *innen ist sie gelb!*
links	–	on the left
rechts	–	on the right

Two of these may be combined to give *hier oben, da unten, oben links, unten rechts, dort draußen, hier drinnen, da drüben*

Indefinites:
Answering less specifically we might say:

irgendwo – somewhere
nirgendwo/nirgends – nowhere
überall – everywhere

(b) *Wohin?* – to where?
hin indicates direction away from the speaker

hinauf: *die Treppe hinauf* – up the stairs
hinunter: *die Treppe hinunter* – down the stairs
hinüber: *geh zur anderen Seite hinüber* – go over to the other side
hinaus: *geh hinaus!* – go out!
hinein: *schau hinein!* – look in! [see 5 c note]

nach is used to denote movement towards a place:

nach oben: *wir gehen nach oben* – we go up
nach unten: *geh nach unten!* – go down!
nach hinten: *guck nach hinten!* – look behind you/it!
nach vorn(e): *geh nach vorn!* – go to the front
nach links: *nach links abbiegen!* – turn off to the left
nach rechts: *nach rechts einbiegen!* – turn in to the right

Indefinites:
irgendwohin, nirgendwohin – to anywhere, to nowhere:
Wir wollen irgendwohin fahren! – Let's drive somewhere/anywhere!
Er wollte nirgendwohin fahren – He wanted to travel nowhere/did not
   wish to go anywhere
hierhin, dorthin, überallhin:
Setzen wir uns hierhin oder dorthin? – Will we sit down here or there?
Er will überallhin – He wants to go everywhere

(c) *Woher?* – from where?
her indicates movement towards the speaker

herauf:	*komm, bitte, herauf* – come up, please
herunter:	*herunter mit dir!* – get down from there!
herüber:	*komm schnell herüber!* – come over here at once!
heraus:	*heraus aus dem Bett!* – get up, get out of bed!
herein:	*komm herein!* – come in! enter!

von indicates direction from:

von oben:	*was kommt von oben her?* – what's coming from above?/ what's coming from up there?
von unten:	*was kommt von unten her?* – what's coming up from below?
von hinten:	*wer ruft von hinten her?* – who's shouting from the back of the room?
von vorne:	*wer ruft von vorne her?* – who's calling/shouting from the front?
von links:	*das Auto kommt von links*
von rechts:	*das Auto kommt von rechts* – the car is approaching from the right
von draußen:	*Horch! Was kommt von draußen 'rein?* – Hark! what is that sound coming in to us from outdoors? (the first line of a folksong)

Indefinites:
irgendwoher, nirgendwoher – from somewhere, from nowhere
Kommst du nirgendwoher? Du mußt doch irgendwoher stammen! – do you
   come from nowhere? you must originate from somewhere!
hierher: komm mal hierher! – come over here now!/just come over here!

In spoken German both *hin-* and *her-* are shortened to *-r-*, which can be confusing at first:

geh hinauf!	– becomes –	*geh rauf!*
geh hinunter!	– becomes –	*geh runter!*
geh hinüber!	– becomes –	*geh rüber!*
komm herüber!	– becomes –	*komm rüber!*
komm herauf!	– becomes –	*komm rauf!*

Section VII – Conjunctions

A conjunction is a link-word joining two sentences or clauses; e.g.

The boy runs *and* the girl walks

She watches T.V. *or* she reads a book

He knows me *but* I don't know him

I stay at home *when* it is raining

She washes her teeth *before* she goes to bed

In German there are two main groups of conjunctions: those that affect the sentence structure, and those that do not.

1. Conjunctions which do not affect sentence structure

These are co-ordinating conjunctions, like those in the first three examples in English above:

(a) singles

und – and: *Du gehst spazieren und ich gehe einkaufen* – You go walking and I go shopping

aber – but: *Ich habe viel Geld aber du bist pleite* – I've lots of money but you're broke

oder – or: *Ich bleibe hier oder ich miete ein Auto* – I'll stay here or I'll rent a car

sondern – but (after a negative): *Er übernachtet nicht hier, sondern (er übernachtet) im Zelt.* He's spending the night not here but in the tent.

denn – for (giving a reason): *Ich gehe ins Bett, denn ich bin müde* – I'm going to bed, for I'm tired.

(b) doubles

entweder . . . oder – either . . . or: *Entweder du bezahlst das Buch, oder du mußt es zurückgeben* – Either you pay for the book, or you must give it back

nicht nur . . . sondern auch – not only . . . but also: *Er hat nicht nur zwei Rennwagen, sondern (er hat) auch zwei Rennpferde* – He has not only two racing cars but also two race-horses

sowohl . . . als auch – both . . . and: *Er ist sowohl vom Bergsteigen als auch vom Skifahren begeistert* – He is enthusiastic about both mountain-climbing and skiing

weder . . . noch – neither . . . nor: *Sie können weder lesen noch schreiben* – They can neither read nor write

zwar . . . aber – it's true that . . . but . . . : *Zwar hat er ein Verbrechen begangen, aber er ist doch ein guter Kerl!* – It's true he has committed a crime, but he's still a nice guy!

2. Conjunctions which do affect sentence structure

These are subordinating conjunctions, like those in the last two examples, '*when* it is raining' and '*before* she goes to bed' in our introduction above.

In a German subordinate clause the verb is placed last and a subordinating conjunction, introducing the subordinate clause, is the signal for that transposed order.

Here are some English subordinate clauses: each is, of course, only a fragment of a whole sentence. It does not make sense on its own, and needs a main clause to complete its meaning.

(a) before I buy a pair of shoes,
(b) if it is raining,
(c) because I have no money,
(d) although she is beautiful,
(e) while he was waiting,

To make sense of these we must add a principal sentence (also called a 'main clause'), and link the two by means of a conjunction:

(a) I save money before I buy a pair of shoes
(b) I stay at home if it is raining
(c) I am not going to the disco, because I have no money.
(d) She is not happy, although she is beautiful.
(e) He read a paper while he was waiting.

The link-words 'before', 'if', 'because', 'although', 'while' are subordinating conjunctions and in German would affect the position of the verb.

Here now is a list of these subordinating conjunctions. The examples show how they affect the word-order in the subordinate clause:

nachdem – after: *Ich verdiene jetzt endlich was, nachdem ich jahrelang von den Eltern abhängig war.*

bevor, ehe – before: *Ich wasche mir die Zähne, bevor ich ins Bett gehe.*

während – while: *Während der Pfarrer sprach, saß ich mäuschenstill*

weil – because: *Er bleibt zu Hause, weil die Oma krank ist.*

obwohl, obgleich – although: *Obwohl das Kind schon 2 Jahre alt ist, spricht es noch gar kein Wort*

54

da – since (giving the reason): *Iß, da du solchen Hunger hast!*

seit, seitdem – since (relating to time): *Ich habe keine Angst, seitdem der Polizist im ersten Stock wohnt.*

wenn, als – when [see verbs, section XVI 5]

wenn – if: *Wenn dir zu warm ist, darfst du die Heizung abstellen.*

als ob – as if: *Sie tat als ob sie das nicht wollte.*

bis – until: *Ich halte euch das Essen warm, bis ihr nach Hause kommt.*

daß – that; *Ich weiß, daß er ohne Schuld ist.*

ob – if (when it means *whether*): *Weißt du, ob er kommt?*

ohne daß – without: *Er legte sich hin, ohne daß der Arzt ihn behandelt hatte.*

sobald – as soon as: *Er stand wieder auf, sobald er sich wohl fühlte.*

solange – as long as: *Ich darf bei meiner Tante wohnen, solange ich in Berlin studiere.*

so daß – so that: *Sie fanden das lustig, so daß sie lachten.*

damit – in order that: *Macht doch schnell, damit wir den Zug nicht verpassen!*

In the subordinate clause the verb is placed last. Within the main clause the order remains normal, except when the main clause is preceded by the subordinate clause: then the order of verb and subject is inverted, as in three of the sentences above. Can you identify these? (Look at *während, obwohl, wenn*)

bevor, nachdem, seitdem are conjunctions introducing subordinate clauses. Beware of confusing them with their cognate adverbs *vorher, nachher, seither* and prepositions *vor, nach, seit*. Look at these examples:

Conjunction Preposition Adverb	Bevor wir in den Film gehen, Vor dem Film Vorher	kaufen wir Karten
Conjunction Preposition Adverb	Nachdem sie gegessen hat, Nach dem Essen Nachher	schläft meine Oma
Conjunction Preposition Adverb	Seitdem wir Geburtstag gefeiert haben, Seit der Geburstagsfeier Seither	sehen wir uns selten

3. Adverbial conjunctions

Study the means by which these sentences are linked, and note the inverted word-order in the second sentence of each pair:

außerdem: *Es war kalt; außerdem schneite es* – It was cold; moreover it was snowing.

trotzdem: *Es regnete; trotzdem ging er schwimmen* – It was raining; noneheless he went swimming.

sonst: *Du mußt dich anstrengen; sonst wirst du keinen Erfolg haben* – You must exert yourself; otherwise you'll have no success.

deswegen: *Willi hat einen Schnupfen; deswegen hütet er das Bett* – Willi has a cold; for that reason he's confined to bed.

dadurch: *Er ist gerade 65 Jahre alt; dadurch bekommt er die Altersrente* – He's just sixty-five; as a result he receives the old-age pension.

doch: *Er ist arm; doch (ist er) glücklich* – he's poor but happy.

also: *Er war schon sechzig Jahre alt; also (war er) nicht mehr jung* – He was sixty years of age, so no longer young.

Note in these last two examples the brackets indicating how the inverted verb and subject can be omitted in the second sentence of the pair.

Section VIII – Numbers

Measurement, times of the clock, mathematical terms, currency, dates

1. Cardinal numbers
'Counting-out Rhymes' (*Abzählreime*) are popular with children all over the world.

eins, zwei, Polizei
drei, vier, Offizier
fünf, sechs, alte Hex'
sieben, acht, gute Nacht
neun, zehn laßt uns gehen
elf, zwölf, kommen die Wölf' . . .

Here is a more comprehensive list of numbers:

0 – null	
1 – eins	11 – elf
2 – zwei	12 – zwölf
3 – drei	13 – dreizehn
4 – vier	14 – vierzehn
5 – fünf	15 – fünfzehn
6 – sechs	16 – sechzehn (s left out)
7 – sieben	17 – siebzehn (en left out)
8 – acht	18 – achtzehn
9 – neun	19 – neunzehn
10 – zehn	20 – zwanzig

einundzwanzig	20 – zwanzig
zweiundzwanzig	30 – dreißig
dreiundzwanzig	40 – vierzig
vierundzwanzig	50 – fünfzig
fünfundzwanzig	60 – sechzig
sechsundzwanzig	70 – siebzig
siebenundzwanzig	80 – achtzig
achtundzwanzig	90 – neunzig
neunundzwanzig	

(Likewise 31–39; 41–49 etc.)

100 – hundert; 101 – hunderteins; 102 – hundertzwei

119 – hundertneunzehn;

121 – hunderteinundzwanzig;

134 – hundertvierunddreißig

190 – hundertneunzig; 199 – hundertneunundneunzig

200 – zweihundert; 201 – zweihunderteins; 202 – zweihundertzwei

555 – fünfhundertfünfundfünfzig

901 – neunhunderteins;

920 – neunhundertzwanzig

999 – neunhundertneunundneunzig

1000 – tausend; 1001 – tausendeins;

1011 – tausendelf;

1020 – tausendzwanzig

1088 – tausendachtundachtzig

1100 – tausendeinhundert; 1101 – tausendeinhunderteins;

1111 – tausendeinhundertelf

1121 – tausendeinhunderteinundzwanzig

1199 – tausendeinhundertneunundneunzig

1200 – tausendzweihundert

1999 – tausendneunhundertneunundneunzig

2000 – zweitausend

10 000 – zehntausend

100 000 – hunderttausend

1 000 000 – eine Million

(a) *eins* is used when it stands on its own, e.g. when counting, in phrases like *die Nummer eins, auf Seite eins* (on page one) and if it is the last unit in a number; e.g. 101: *hunderteins.*

Be careful with the 'tens' because even though the unit 'one' may be the last unit, it is not spoken as such; e.g. 21 – *einundzwanzig*

(b) The English comma used in 1,000, 10,000, 100,000 etc. is replaced in German by a full stop or a space: e.g. 10.000 or 10 000; 100.000 or 100 000

(c) 1 100 can be spoken as *tausendeinhundert* or *elfhundert*

1992: *tausendneunhundertzweiundneunzig* or *neunzehnhundertzweiund-neunzig*

(d) on the telephone, to ensure accuracy, *zwei* is spoken as *zwo*

(e) the cardinal number 'one' can be declined like the indefinite article 'a':

Darf ich bitte einen Apfel haben? – May I have one apple please?
Ich habe nur eine Brille – I have only one pair of spectacles

2. Times of day

A 24-hour clock is quite often used in German, both officially and in general conversation: *13.15 Uhr* – 1.15 pm; *00.14* – 12.14 am.

Otherwise, to differentiate between am and pm we use *morgens, mittags, nachmittags, abends, nachts.*
13.15 – Viertel nach ein Uhr nachmittags
18.00 – sechs Uhr abends

Take one period of 60 minutes – *von 3 Uhr bis 4 Uhr:*

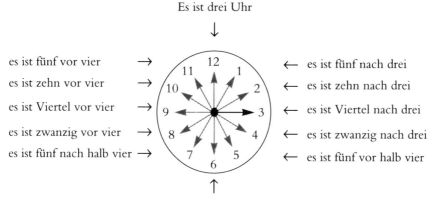

Es ist drei Uhr
↓

es ist fünf vor vier → ← es ist fünf nach drei
es ist zehn vor vier → ← es ist zehn nach drei
es ist Viertel vor vier → ← es ist Viertel nach drei
es ist zwanzig vor vier → ← es ist zwanzig nach drei
es ist fünf nach halb vier → ← es ist fünf vor halb vier

↑
Es ist halb vier

Alternatively we may say:
3.05:   Es ist drei Uhr fünf
3.10:   Es ist drei Uhr zehn
3.15:   Es ist drei Uhr fünfzehn
3.20:   Es ist drei Uhr zwanzig
3.25:   Es ist drei Uhr fünfundzwanzig
3.30:   Es ist drei Uhr dreißig
3.35:   Es ist drei Uhr fünfunddreißig
3.40:   Es ist drei Uhr vierzig
3.45:   Es ist drei Uhr fünfundvierzig
3.50:   Es ist drei Uhr fünfzig
3.55:   Es ist drei Uhr fünfundfünfzig

Telling the time:

Wieviel Uhr ist es? or *Wie spät ist es?* – what time is it?

Um wieviel Uhr kommt der Bus an? – at what time does the bus arrive?

Um zwanzig Uhr? – at 8 p.m.? *Gegen zwanzig Uhr!* – around 8 p.m.

Haben Sie eine Uhr? – Have you a watch?

Strictly, *Armbanduhr* is a wrist-watch, but *Uhr* is commonly used

Meine Uhr geht vor – My watch is fast

Meine Uhr geht nach – My watch is slow

Der Minutenzeiger ist kaputt – the minute-hand is broken

der Sekundenzeiger funktioniert nicht mehr – the second-hand is no longer working

Wie viele Stunden hat der Tag? Wie viele Minuten hat eine Stunde? Wie viele Sekunden hat eine Minute?

Do not confuse *Uhr* (clock or o'clock) with *Stunde* (hour):

Die Uhr schlägt – the clock is striking/chiming

Nach Bochum fährt man eine halbe Stunde – The journey to Bochum takes half an hour

3. Measurement

(a) Nouns appear in the accusative case when they denote measurement, weight, value, and are followed by an adjective:

Die Mauer ist einen Meter hoch/ein Meter hoch (since *Meter* can be masculine or neuter!)

Der Nagel ist einen Zentimeter lang.

The verbs *kosten* – to cost, *wiegen* – to weigh, *wachsen* – to grow, are followed also by the accusative case:

Der Sack wiegt einen Zentner – The bag weighs one hundredweight

Das kostet nur einen Pfennig

In sechs Monaten ist er einen Zentimeter gewachsen – In six months he has grown 1 cm

(b) In phrases like 'a glass of wine', 'a cup of tea', 'a bottle of beer', the word 'of' is not translated:

ein Glas Wein, eine Tasse Tee, eine Flasche Bier

(c) Nouns denoting measure or quantity often use only their singular forms:

zwei Glas Bier – two glasses of beer, *zwei Kilo Zucker* – two kilos of sugar, *500 Gramm Butter* – 500 g butter, *zwei Pfund Mehl* – two lbs. of flour

4. Money

The German unit of currency is *die D-Mark (DM)* and *der Pfennig*.
Eine D-Mark (spoken eine Mark) hat hundert Pfennig.
Sums of money in German are written and spoken as follows:

1,75 DM	eine Mark fünfundsiebzig
2,00 DM	zwei Mark (no plural form)
2,05 DM	zwei Mark fünf
–,66 DM	sechsundsechzig Pfennig
15,10 DM	fünfzehn Mark zehn.
20,00 DM	zwanzig Mark
100,00 DM	hundert Mark

der heutige Kurs – to-day's exchange rate
IR £1 – 2.66 DM (one pfennig will not buy much!)
German currency comprises notes – *der Geldschein, (-e)* and coins – *das Geldstück, (-e)*, as follows:

das Pfennigstück, das Fünfpfennigstück, das Zehnpfennigstück, ein Fünfzig-pfennigstück;

ein Markstück, ein Zweimarkstück, ein Fünfmarkstück;

ein Fünfmarkschein, ein Zehnmarkschein, ein Zwanzigmarkschein, ein Fünf-zigmarkschein;

ein Hundertmarkschein, ein Fünfhundertmarkschein.

Stück also means item, piece, portion:
ein Stück Schwarzwälderkirschtorte, bitte – a piece of Black Forest gateau, please
Die Äpfel kosten fünfzig Pfennig das Stück – the apples cost 50 Pfennig each
Was kosten die pro Stück? – what do they cost per item?
Stück für Stück – piece by piece, one by one

Ich suche Kleingeld – I'm looking for change
Zahlen Sie bitte an der Kasse – Please pay at the check-out/cash-register/box-office
Können Sie auf 100 DM herausgeben? – Can you change 100 marks?
Geldwechsel – Money-exchange, *bureau de change*
Ich möchte Pfund gegen Mark wechseln – I would like to change pounds into marks
Mein Geld ist alle, ich bin pleite – My money's spent, I'm broke

5. Ordinal numbers

der, die, das:

erste	elfte	einundzwanzigste
zweite	zwölfte	zweiundzwanzigste
dritte	dreizehnte	dreißigste
vierte	vierzehnte	sechzigste
fünfte	fünfzehnte	siebzigste
sechste	sechzehnte	hundertste
siebte	siebzehnte	hundertzwanzigste
achte	achtzehnte	tausendste
neunte	neunzehnte	
zehnte	zwanzig*ste*	

Die Monate		
der Januar	der Mai	der September
der Februar	der Juni	der Oktober
der März	der Juli	der November
der April	der August	der Dezember

The ordinals are most commonly used to give dates, such as birthdays, and they are declined like adjectives:

Nom.   Heute ist *der erste Mai*

Acc.   Morgen haben wir *den zweiten Mai*

Dat.   Mein Freund kommt *am dritten Mai* zu uns

Since *der Tag* is masculine, dates are also masculine.

Der Wievielte ist heute? or *Den Wievielten haben wir heute?* – What is to-day's date?

Wann hast du Geburtstag? – When is your birthday?

Ich habe am zwölften Juni Geburtstag.

When dating a letter, write – *Berlin, den 2. Mai*, which is spoken: *Berlin, den zweiten Mai*

vom zweiten bis zum achten Juli – July 2–8

vom ersten September an bin ich frei – I am free from the first of September on

Sie kam als erste ans Ziel – she was first past the post/was first to attain her goal; but *er kam als erster*

6. Mathematical terms

+	–	x	:
plus und zuzählen zu die Summe	minus weniger abziehen von die Differenz	multipliziert mit mal malnehmen mit das Produkt	dividiert durch geteilt durch teilen durch der Quotient

5 + 5 = *fünf plus fünf, fünf und fünf; Ich zähle fünf zu fünf zu*
  – I add 5 + 5

10 – 5 = *zehn minus fünf, zehn weniger fünf; Ich ziehe fünf von zehn ab*
  – I take away 5 from 10

10 x 5 = *zehn multipliziert mit fünf, zehn mal fünf; Ich multipliziere fünf*
  mit fünf – I multiply 5 by 5

10 : 5 = *zehn dividiert durch fünf, zehn durch fünf geteilt; Ich teile zehn*
  durch fünf – I divide 10 by 5

In German the colon symbolises 'divided by'

ergeben = to yield, give as its result;
  e.g. 100 : 5 *ergibt den Quotient 20*
verdoppeln = to double
halbieren = to halve

    3^3 – drei hoch drei
    $\sqrt{9}$ – Wurzel aus 9
    ½ – eine Hälfte   1½ – eineinhalb   2½ – zweieinhalb
    ⅓ – ein Drittel   ⅔ – zwei Drittel   3⅓ – dreieindrittel
    ¼ – ein Viertel   ¾ – drei Viertel
    ⅕ – ein Fünftel
    ¹⁄₁₀ – ein Zehntel
    ¹⁄₂₀ – ein Zwanzigstel
    ¹⁄₁₀₀ – ein Hundertstel

die Hälfte is the only feminine fraction. (All others are neuter). *Hälfte* is a noun, whereas *halb* is an adjective, and is declined accordingly: *ich bin einen halben Tag (lang) hier; sie sitzt seit einer halben Stunde dort.*

Section IX – Verbs – present tense, active voice

Verbs are loosely defined as 'action words'. To name verbs in English we places 'to' in front of each: e.g. to play, to run, to eat, to drink, to stroll, to think, etc. These are infinitive forms characterised in German by the ending -*en* (sometimes -*n*);

spielen – to play	*trinken* – to drink
laufen – to run	*bummeln* – to stroll
essen – to eat	*denken* – to think

German verbs are of two main types:
(a) Weak verbs which follow a predictable pattern, and are by far the more numerous, and

(b) Strong verbs, or irregular verbs, whose English cousins are often so, too.

A few weak verbs have irregular forms.

There are also compound verbs and reflexive verbs.

1. The weak verb – present tense, active voice

(a) In the table below, the long dash represents the stem of the verb. The endings we add to that stem depend on the subject of the verb – whether first, second or third person, singular or plural. [To distinguish between *du*, *ihr* and *Sie* – all 'you' in English – see Section V 1 a]

	singular	plural
1	ich —— e	wir —— en
2	du —— st	ihr —— t
3	er, sie, es —— t	sie, Sie —— en

Now here, adding these endings to a stem, is the present tense of *kaufen* – to buy:

	singular	plural
1	ich kaufe	wir kaufen
2	du kaufst	ihr kauft
3	er, sie, es kauft	sie, Sie kaufen

ich kaufe -- 'I am buying' or 'I buy',
kaufe ich? – 'am I buying?' or 'do I buy?'
So beware of the compound present tense (am buying) in English: it could mislead you! Remember that the German present tense will consist of one word only.

(b) For pronunciation's sake, some weak verbs insert an extra *e* in the second and third persons singular and in the second person plural. These are verbs whose stems end *-d*, *-t*, *-chn*, *-tm*; e.g. *finden, binden, enden, kosten, arbeiten, mieten, retten, rechnen, atmen*

	singular	**finden**	**plural**
1	ich finde		wir finden
2	du findest		ihr findet
3	er, sie, es findet		sie, Sie finden

(c) Weak verbs ending in *-eln* drop the *e* in the first person singular, present tense only; e.g. *basteln, bummeln, bügeln, lächeln, sammeln, radeln, angeln, betteln*
    ich bummle
    du bummelst
    er, sie, es bummelt

(d) If the stem of the verb already ends in *-s, -ß,* or *-z*, one adds only *t* (instead of *st*) in the second person singular e.g. *reisen, heißen, beißen, reizen*
    ich heiße
    du heißt

2. *Sein* – to be, and *haben* – to have

These are irregular as in English:

	singular	**sein**	**plural**
1	ich bin		wir sind
2	du bist		ihr seid
3	er, sie, es, ist		sie, Sie sind

the verb 'to be' is always followed by the nominative case; e.g. *ich bin der Chef!* – I'm the boss!; *du bist der Gast!* – you're the guest!

	singular **haben**	plural
1	ich habe	wir haben
2	du hast	ihr habt
3	er, sie, es hat	sie, Sie haben

the verb *haben* is always followed by the accusative case; e.g. *Wer hat den Ball? – Er hat ihn!*

3. The strong (irregular) verb – present tense

One reason why verbs are called strong is that the stem vowel (a) adds an *Umlaut* or (b) changes 'e' to 'i' or 'ie', in the 2nd and 3rd persons singular. To denote this change in the stem vowel, these verbs are best cited as follows:

fangen (ä) – to catch
geben (i) – to give
sehen (ie) – to see
laufen (äu) – to run

	fangen singular	plural		**sehen** singular	plural
1	ich fange	wir fangen	1	ich sehe	wir sehen
2	du fängst	ihr fangt	2	du siehst	ihr seht
3	er, sie, es fängt	sie fangen	3	er, sie, es, sieht	sie sehen
		Sie fangen			Sie sehen

The following are exceptional:
nehmen – to take: *du nimmst; er, sie, es nimmt*
laden – to load: *du lädst; er, sie, es lädt*
halten – to stop, to hold: *du hältst; er, sie, es hält*
braten – to fry, roast: *du brätst; er, sie, es brät*
treten – to step: *du trittst; er, sie, es tritt*
gebären – to give birth to: *du gebierst; er, sie, es gebiert*
Further strong verbs, but not yet all of them – *leider!* – are:
brechen (i) – to break
empfehlen (ie) – to recommend
erschrecken (i) – to get a fright
essen (i) – to eat [*du ißt, er ißt*]
fahren (ä) – to travel (by vehicle)

66

fallen (ä) – to fall
helfen (i) – to help (give help to)
lesen (ie) – to read
messen (i) – to measure
schlafen (ä) – to sleep
stehlen (ie) – to steal
tragen (ä) – to wear or to carry
waschen (ä) – to wash

4. The modal verbs – present tense, active voice

These are six in number: *wollen* – to want to, *müssen* – to have to, *dürfen* – to be allowed to, *können* – to be able to, *sollen* – to be supposed to, *mögen* – to like.

The word 'to' suggests the infinitive is necessary to complete the meaning; e.g. *Ich soll jetzt auf einmal sechs neue Verben lernen!*

Here *mögen* differs from the other five in that it is most often followed by a noun or pronoun object, e.g. *Ich mag keinen Kräutertee*, rather than by the infinitive form of a second verb.

These six *Modalverben* are conjugated as follows:

wollen	**müssen**	**dürfen**
ich will	ich muß	ich darf
du willst	du mußt	du darfst
er, sie, es will	er, sie, es muß	er, sie, es darf
wir wollen	wir müsscn	wir dürfcn
ihr wollt	ihr müßt	ihr dürft
sie, Sie wollen	sie, Sie müssen	sie, Sie dürfen

können	**sollen**	**mögen**
ich kann	ich soll	ich mag
du kannst	du sollst	du magst
er, sie, es kann	er, sie, es soll	er, sie, es mag
wir können	wir sollen	wir mögen
ihr könnt	ihr sollt	ihr mögt
sie, Sie können	sie, Sie sollen	sie, Sie mögen

Note absence of *-e* ending in 1st person singular and of *-t* in 3rd person singular:

Ich will heute abend in die Disko gehen
Sonntags muß Helga nicht so früh aufstehen
Darf ich, bitte, hier sitzen?
Man soll den Armen helfen
Er kann leider nicht mitfahren
Ich mag keinen Tee.

Whereas in English we often say loosely 'can I smoke?' 'can I sit here?' German usage is less loose, and one says *darf ich rauchen?, darf ich hier sitzen?*, for while *dürfen* expresses permission (often corresponding to 'may' in English), *können* expresses ability.

müssen expresses duty

sollen expresses obligation, often corresponding to 'shall' in English, as in 'when shall we visit him?'/'when are we to visit him?'

wollen expresses intention or wish

In some instances *mögen* can be followed by an infinitive: *das mag sein!* – that may (can) be!; *er mag etwa 40 Jahre alt sein* – he may be about 40 years old; *was mag das bedeuten?* – What can that mean?

5. The reflexive verb – present tense

(a) It is easy to recognise the reflexive verb in English since the word 'oneself' is included in its infinitive form, e.g. to wash oneself, to look after oneself, etc. This can be so in German, too:

sich waschen – to wash oneself

sich schminken – to put on one's make-up

sich anstrengen – to exert oneself

However, many German verbs are reflexive even when their English equivalent does not include the word 'oneself':

sich erkälten – to catch a cold

sich freuen – to be happy

sich irren – to be mistaken

sich erinnern – to remember

These are conjugated as follows:

	singular	**sich freuen**	plural
1	ich freue mich		wir freuen uns
2	du freust dich		ihr freut euch
3	er, sie, es freut sich		sie, Sie freuen sich

(b) Many reflexive verbs need a preposition to complete them. This preposition may be followed by the accusative or by the dative case.

(i) reflexive verb + preposition + accusative case
  sich freuen über – to rejoice over
  sich freuen auf – to look forward to
  sich interessieren für – to be interested in
  sich kümmern um – to concern oneself about
  sich erinnern an – to remember

(ii) reflexive verb + preposition + dative case
  sich sehnen nach – to long for
  sich entschuldigen bei – to apologise to
  sich beschäftigen mit – to occupy oneself with
  sich erkundigen nach – to enquire after/about
  sich verabschieden von – to take one's leave of

(c) The reflexive pronoun can also appear in the dative case, as indirect object; e.g. *sich kaufen* – to buy oneself (something), where 'oneself' means 'for oneself'

	singular	**sich kaufen**	plural
1	ich kaufe mir ein Geschenk		wir kaufen uns ein Geschenk
2	du kaufst dir ein Geschenk		ihr kauft euch ein Geschenk
3	er, es, sie kauft sich ein Geschenk		sie, Sie kaufen sich ein Geschenk

sich is both accusative and dative [see Section V 1 a) This dative usage is common particularly in relation to the care of one's own body;
er kämmt sich die Haare – he is combing his (own) hair; but *er kämmt seine Haare* – he is combing his (somebody else's) hair
sich etwas kochen – to cook oneself something
sich etwas anschauen – to have a look at something for oneself
sich etwas auswählen – to select something for oneself; *Wähl dir etwas Schönes aus!* – Choose something nice for yourself!
sich (die Hände, Füße) waschen – to wash one's own hands, feet; *Zweimal am Tag wäschst du dir die Füße!* – twice in the day you wash your feet!
sich etwas gönnen – to treat oneself; *Ich gönne mir eine Ruhepause* – I treat myself to a break

(d) Some reflexive verbs are followed by the genitive case. Their English equivalent usually includes an 'of' which hints at a genitive:

sich bedienen – to make use of

sich bemächtigen – to take possession of, by force

sich entledigen – to rid oneself of

sich entwöhnen – to break the habit of

sich rühmen – to boast of; *Er rühmt sich seines Mutes* – He boasts of his courage

sich versichern – to make sure of; *Lassen wir uns dieser Sache versichern!* – Let us make sure of this matter

6. Compound verbs – present tense

Compound verbs consist of a prefix and a verb attached. Examples in English are 'to take off', 'to touch down' (as with aircraft).

In German the prefix is sometimes separable, sometimes inseparable.

If one learns the inseparable prefixes, the others come more easily.

(a) Inseparable prefixes

be–	*begrüßen* – to greet, welcome
ge–	*gehören* – to belong to
ent–	*entwerfen (i)* – to design
emp–	*empfehlen (ie)* – to recommend
er–	*erklären* – to explain
ver–	*verstehen* – to understand
zer–	*zerstören* – to destroy
miß–	*mißbrauchen* – to abuse

Note: In pronunciation the stress is put not on the prefix, but on the next syllable; e.g. *begrüßen, entwerfen, verstehen, zerstören*

Der Gastgeber begrüßt die Gäste

Der Kellner empfiehlt das Menü – the waiter recommends the meal of the day

Verstehst du mich?

(b) Separable prefixes

These are very numerous; here are some of the most common

ab:	*abfahren (ä)* – to depart
an:	*ankommen* – to arrive
auf:	*aufmachen* – to open
aus:	*aussteigen* – to climb out (of a vehicle)
ein:	*einsteigen* – to climb in (into a vehicle)

70

herein ('rein): *hereinkommen* – to come in
hinaus ('raus): *hinausgehen* – to go out
los: *losfahren (ä)* – to depart, drive off
mit: *mitmachen* – to participate
nach: *nachschlagen (ä)* – to look up a word in a dictionary
um: *umziehen* – to change abode (move house)
vor: *vorschlagen (ä)* – to suggest, propose

In pronunciation the prefix is stressed; e.g. **ein**steigen, **ab**fahren, **vor**schlagen, **um**ziehen

Good dictionaries indicate where the stress should fall by printing a ' before the syllable to be stressed, e.g. 'umziehen, 'abfahren, be'grüßen, em'pfehlen

Remember to separate the prefix and place it at the end:
Der Zug kommt in zehn Minuten an – the train is arriving in 10 minutes
Wer macht das Fenster auf? – who's opening the window?
Jetzt fahren sie los! – now they're driving away/leaving!
Wann ziehst du um? – when are you moving house?

(c) Prefixes that are sometimes separable and sometimes inseparable, most commonly *durch, um, wieder, unter, über.*
sich 'durchsetzen – to assert oneself; *nach langer Zeit setzte er sich durch* – after a long time he made his influence felt/gained his point
etwas durch'setzen – to infiltrate; *Hussein durchsetzte das Land mit Spionen* – Hussein infiltrated the country with spies.

mit etwas 'umgehen – to handle, deal with something: *ich gehe nicht gut mit Geld um* – I don't manage money well
etwas (einen Ort) um'gehen – to avoid a place: *Hier gibt es zu viel Verkehr* – wir umgehen diesen Ort
'übersetzen – to ferry across: *die Fähre setzt ihn über*
über'setzen – to translate: *wir übersetzen den Text ins Deutsche*

7. The verbs *werden* and *wissen*
werden – to become, to get (intransitive)

singular	werden	plural
1 ich werde		wir werden
2 du wirst		ihr werdet
3 er, sie, es wird		sie, Sie werden

werden is always followed by the nominative case:
Er wird der beste Läufer von allen – He's becoming the best runner of all;
er wird stärker – he's getting stronger

wissen – to know (information, facts)

	singular **wissen**	plural
1	ich weiß	wir wissen
2	du weißt	ihr wißt
3	er, es, sie weiß	sie, Sie wissen

Weißt du das? – do you know that?
er weiß alles/nichts – he knows everything/nothing
Weißt du, daß er kommt? – do you know that he's coming?

8. The verb *lassen (ä)*

This has many meanings – to leave, to let, to cause, to allow, to keep:
(a) *Ich lasse die Bücher unter dem Tisch* – I leave the books under the table
(b) *Ich lasse mir die Haare schneiden* – I have my hair cut. Literally, 'I cause for me the hair to (be) cut'
(c) *Laß mich in Ruhe!* – leave me in peace
(d) *Die Eltern lassen mich in die Disko gehen* – my parents allow me go to the disco
(e) *Er läßt mich gewinnen* – he lets me win
(f) *Ich lasse mir vom Kellner ein Bier bringen* – I have the waiter bring me a beer
(g) *Das Kopfweh läßt mich nicht schlafen* – My headache is keeping me awake
(h) *Der Chef läßt mich warten* – the boss keeps me waiting

In German the passive voice has no simple infinitive form. So in (b) above, *Ich lasse mir die Haare schneiden*, the infinitive *schneiden* while signifying 'to be cut' ('I cause for me the hair to be cut!') shows none of this passive significance. Likewise in (f) *bringen* means 'to be brought'.

Lassen puts the infinitive to the end of the sentence, as do the six modalverbs in 4 above.

Section X – Verbs – past tense, active voice

In German the past tense is written rather than spoken. It occurs mainly in the narrating of past incident, as in newspaper articles and fairy-tales. It is also called the 'simple past' – 'simple', because it consists of only one word – or the 'preterite'.

Note: the order followed in this section is the same as that in section IX.

1. The weak verb – past tense, active voice
(a) This chart shows the conjugational endings:

1	ich ——te	wir ——ten
2	du ——test	ihr ——tet
3	er, sie, es ——te	sie, Sie ——ten

ich spielte – I played, I was playing, I did play
spielte ich? – did I play? was I playing?
Beware once again of the English compound past tense 'I was playing'; 'was playing' is the equivalent of one single word in German: *spielte*

(b) Again for pronunciation's sake an extra *-e-* is needed in certain verbs – *kosten, enden, arbeiten, mieten, retten, rechnen, atmen u.s.w*

1	ich arbeitete	wir arbeiteten
2	du arbeitetest	ihr arbeitetet
3	er, sie, es arbeitete	sie, Sie arbeiteten

Note that the extra *-e-* is needed in all persons, and note, too, that *binden* and *finden* disappear from the list given in section IX 1 b, as they are strong verbs

2. Past tense of *sein* and *haben*

	singular	sein	plural
1	ich war		wir waren
2	du warst		ihr wart
3	es, sie, es war		sie, Sie waren

73

	singular	haben	plural
1	ich hatte		wir hatten
2	du hattest		ihr hattet
3	er, es, sie hatte		sie, Sie hatten

3. The strong verb – past tense, active voice

Another characteristic of a 'strong' verb is its internal vowel change in the past tense:

fangen (ä) – fing
lesen (ie) – las
finden – fand
kommen – kam
fliegen – flog
bieten – bot
rufen – rief

As one sees, these vowel changes are many and varied. The German student learning English has to master similar changes in the English verb; think, for instance, of run – ran; eat – ate; see – saw; bite – bit; every bit as difficult!

	singular	fingen	plural
1	ich fing		wir fingen
2	du fingst		ihr fingt
3	er, sie, es fing		sie, Sie fingen

This differs completely from the past tense of the weak verb.

A comprehensive list of the strong verbs is given in section XX 4

4. The modal verbs — past tense

The endings here are similar to those of the weak verb in the past tense

wollte – wanted to
mußte – had to
konnte – was able to
durfte – was allowed to
sollte – was supposed to (should)
mochte – liked

Note that there is no *Umlaut* in the past tense; and that the infinitive is once again at the end of the main clause:

er wollte mitfahren – he wanted to travel with (the group)

sie sollten das Zimmer einrichten – they were supposed to furnish the room

die Kinder durften nicht mitmachen – the children were not allowed to participate

sie konnte ihre Freundin nicht finden – she could not find her friend

ich mochte sie nie – I never liked them/I never liked her

er durfte nicht 'rein – he was not allowed in

5. The reflexive verb – past tense

This should present no problem:

ich rasierte mich (weak)

er wusch sich (strong)

sie strengten sich an (weak and separable)

wir unterhielten uns mit dem Gast (strong and inseparable)

sie sehnte sich nach der Heimat (weak verb +preposition)

Was kauftest du dir? (weak verb, followed by an indirect object)

6. The compound verb – past tense

This is straightforward, too:

der Lehrer erklärte den Satz (inseparable)

sie machte die Tür zu (separable weak)

er stieg ins Auto ein (separable strong)

7. *werden* and *wissen* in the past tense

	singular	werden	plural
1	ich wurde		wir wurden
2	du wurdest		ihr wurdet
3	er, sie, es wurde		sie, Sie wurden

	singular	wissen	plural
1	ich wußte		wir wußten
2	du wußtest		ihr wußtet
3	er, sie, es wußte		sie, Sie wußten

8. *lassen – ließ*

Er ließ mich warten – he kept me waiting
Sie ließ sich einen Damenanzug machen – she had a suit made for herself

Footnotes

Note the difference between 'he gets older' and 'he gets a letter':
he gets older – he becomes older – *er wird älter*
he gets a letter – he receives a letter – *er bekommt einen Brief* (note that
bekommen does not mean 'to become') or, *er erhält einen Brief*
kennen – to know (people, places and works of literature!)

Note: When to use *ß* – when to use ss
(i) after *du, er, sie, es, ihr* one uses *ß* instead of *ss* – e.g. *du weißt, er ißt*
(ii) in the past tense of the verb *ss* changes to *ß*: *essen – aß; messen – maß*
(iii) use *ß* after a short vowel if it is the last letter in a word or followed by a
consonant: *der Fluß, er vergißt alles*
(iv) use *'ss'* between two short vowels: *Flüsse* – rivers, *Risse* – cracks

Note: *verlassen – verließ* means to leave a building, place, town; *Ich verließ um
acht Uhr die Stadt.*

Section XI – Verbs – perfect tense, active voice

This is very often used in spoken German where English would use the simple past tense; for instance where in English one says, 'I slept well', one tends in German to say 'I have slept well'.

1. Weak verbs in the perfect tense
The perfect tense in English consists of the auxiliary verb 'have' or 'has' + the perfect participle:

he *has smoked* (10 cigarettes)!
they *have cleaned* (the windows)
she *has searched* (everywhere)

rauchen, putzen, suchen are weak verbs in German and form their perfect participles as follows:
rauchen: geraucht – smoked
putzen: geputzt – cleaned
suchen: gesucht – searched

Now we combine the German auxiliary verb *haben* with the perfect participle, placing it at the end:
er hat zehn Zigaretten geraucht
sie haben die Fenster geputzt
sie hat überall gesucht

Intransitive verbs signifying motion from one place to another, and change of state or condition of the subject, are conjugated with the auxiliary verb *sein* – to be, instead of with *haben*; [see the list of such verbs in XX 4 and in Exercise 49 (e)]
Weak verbs in this category are:

reisen – to travel, to journey
landen – to land (as of aircraft etc.)
stürzen – to fall
aufwachen – to wake up (change in state or condition)

To form the perfect tense of these weak and intransitive verbs we combine the German auxiliary *sein* with the perfect participle:
he has travelled abroad – *er ist ins Ausland gereist*
the helicopter has landed – *der Hubschrauber ist gelandet*

77

the boy has fallen while playing football – *beim Fußballspielen ist der Junge gestürzt*

I woke up this morning at 7 o'clock – *ich bin heute früh um 7 Uhr aufgewacht*

2. *sein* and *haben* in the perfect tense

sein, as always, is exceptional and fits into the same category as verbs signifying state or condition in that its auxiliary in the perfect tense is *sein*. Its perfect participle is *gewesen*.

Maria ist Jans Frau gewesen; sie ließ sich aber früh scheiden, und sie heiratete dann Uli.

haben has a weak past participle and is conjugated in the perfect tense with the auxiliary *haben*:

Ich habe Pech gehabt – I had a bit of bad luck.

3. Modal verbs in the perfect tense

(a) the modal verb used alone

(b) the modal verb used in conjunction with another verb.

(a) The Modal verb can be used alone, but it is rarely so used. The past participle is formed thus:

wollen – gewollt	*dürfen* – gedurft
müssen – gemußt	*sollen* – gesollt
können – gekonnt	*mögen* – gemocht

Was hast du gewollt? – What have you wanted?

Das hast du nicht gesollt! – You weren't under any obligation to do that!

(b) More common is the perfect tense of the modal verb used in conjunction with another verb:

It is formed by the auxiliary *haben* + 2 infinitives which follow at the end of the sentence, the modal verb infinitive being the latter of the two. *Haben* is used even if verbs of motion, change of state or condition are involved.

I have always wanted to travel abroad – *Ich habe immer ins Ausland fahren wollen*

78

He has never had to work hard – *Er hat nie fleißig arbeiten müssen*
We have been obliged to clean up the room – *Wir haben das Zimmer
    aufräumen sollen*
He has never been able to ski – *Er hat nie skifahren können*

In spoken German the past tense is more usual in such sentences. So,
even though the examples above are grammatically correct, it would
be more usual to say:

> *Ich wollte schon immer ins Ausland fahren!*
> *Er mußte nie fleißig arbeiten*
> *Wir sollten das Zimmer aufräumen*
> *Er konnte nie skifahren*

4. Strong verbs in the perfect tense

Here again strong verbs are characterised by an internal vowel
change. Where weak verbs have -*t* at the end of the perfect participle,
strong verbs have -*en*.

infinitive	*preterite*	*perfect tense*
fangen (ä)	fing	hat gefangen
lesen (ie)	las	hat gelesen
finden	fand	hat gefunden
kommen	kam	ist gekommen★
fliegen	flog	ist geflogen
bieten	bot	hat geboten
rufen	rief	hat gerufen
werfen (i)	warf	hat geworfen

★ A list is given in section XX 4

Hast du das neueste Buch von Jeffrey Archer gelesen? – Have you read
    Jeffrey Archer's new book?
Er hat die Kippe in die Mülltonne geworfen – He has thrown the cigarette
    end into the dustbin
Wo hast du das gefunden? – Where did you find that?
Er ist gerade ins Zimmer gekommen – He has just come into the room

Verbs which signify motion are not invariably intransitive; some like
fahren and *fliegen* can be followed by a direct object, and form their
perfect tense with the auxiliary *haben*.

In the first sentence of each of the pairs below, the verb is intransitive and accordingly *sein* is the auxiliary in the perfect tense, whereas in the second sentence of each pair, the verb is transitive, and *haben* is then its auxiliary.

fahren – to travel, drive
He has travelled to Munich (intransitive) – *Er ist nach München gefahren*
He has driven me home (transitive) – *Er hat mich nach Hause gefahren*

fliegen – to fly
We flew a lot last year (intrans) – *Wir sind letztes Jahr viel geflogen*
The pilot has flown the plane quite skillfully (transitive) – *Der Pilot hat das Flugzeug ganz geschickt geflogen*

5. Reflexive verbs in the perfect tense

Er hat sich über die Nachricht gefreut – He was happy about the news
Ich habe mich oft an sie erinnert – I have often remembered her
Was hat sie sich gekauft? – What has she bought herself?
Er hat sich entschlossen, im Ausland zu wohnen – He has decided to live abroad
Die Soldaten haben sich dem Feind ergeben – The soldiers have surrendered to the enemy

6. Compound verbs in the perfect tense

(a) Inseparable compounds show no *ge* and can end in *-t* or *-en*:

besuchen:	hat besucht	has visited
gefallen (ä):	hat gefallen★	has pleased
entwerfen (i):	hat entworfen	has outlined, designed
empfehlen (ie):	hat empfohlen	has recommended
erklären:	hat erklärt	has explained
verstehen:	hat verstanden	has understood
zerbrechen (i):	hat zerbrochen	has broken
mißbrauchen:	hat mißbraucht	has misused

★ In the verb *gefallen (ä)*, to be pleasing, the *ge-* is part of the infinitive form and must remain in place

Wie oft hat er ihn besucht? – How often has he visited him?
Das hat mir sehr gut gefallen – That has pleased me very much
Was hat der Kellner empfohlen? – What has the waiter recommended?
Wer hat das Fenster zerbrochen? – Who has smashed the window?

(b) separable compound verbs in the perfect tense

The *ge-* which characterises the perfect participle, appears after the prefix; and the perfect participle will end in either *-t* or *-en*, depending on whether it is weak or strong.

aufmachen:	hat aufgemacht	has opened
umbauen:	hat umgebaut	has renovated
einrichten:	hat eingerichtet	has furnished
anrufen:	hat angerufen	has rung up
aussteigen:	ist ausgestiegen	has climbed out
ankommen:	ist angekommen	has arrived

7. *werden* and *wissen* in the perfect tense

werden implies 'change of state or condition', and so is conjugated with *sein*:

Wann ist er krank geworden? – When did he become ill?
Meine Tante ist Lehrerin geworden. – My aunt has become a teacher.

wissen is predictable in its perfect tense:
Das habe ich nicht gewußt! – I did not know that!

8. *lassen* in the perfect tense

(a) Used alone:
Sie hat das Buch auf dem Stuhl gelassen – She has left the book on the chair
Warum haben Sie mich allein gelassen? – Why have you left me alone?

(b) Used with another verb:
In both present and past tenses *lassen* is used with an infinitive which follows at the end of the sentence:
Er läßt mich warten – he keeps me waiting: present tense
Ich ließ ihn leiden – I let him suffer: past tense

In the perfect tense of such sentences *haben* is the auxiliary verb followed by two infinitives, the latter of which is always *lassen*:

He has kept me waiting – *Er hat mich warten lassen*
She has had her hair cut – *Sie hat sich die Haare schneiden lassen*
They have let me win – *Sie haben mich gewinnen lassen*

helfen, hören, sehen behave similarly:

81

Ich helfe ihr die Koffer tragen – I help her carry the cases: present tense
Ich half ihr die Koffer tragen – I helped her carry the cases: past tense

Sie sieht ihn ins Zimmer kommen – she sees him come into the room:
  present tense
Sie sah ihn ins Zimmer kommen – she saw him come into the room: past
  tense

Er sieht sie weinen – he sees her crying: present tense
Er sah sie weinen – he saw her crying: past tense

The perfect tense is formed by *haben* + two infinitives, the latter of
which is always *helfen, hören* or *sehen*:

I have helped her carry the case – *Ich habe ihr den Koffer tragen helfen*
Have you heard the birds singing? – *Hast du die Vögel singen hören?*
She has seen him come into the room – *Sie hat ihn ins Zimmer kommen
  sehen.*★

★ Note that *haben* is the auxiliary verb even where, as in this last
example, verbs of motion etc. are concerned, for it is *sehen* which is
in the perfect tense, rather than *kommen*.

9. Verbs that end in *-ieren*
These form the perfect participle without *ge-*, and since all are weak,
they end in *-t*; some are conjugated with *haben* and others with *sein*:

telefonieren: *Ich habe gerade mit meinem Freund telefoniert* – I have just
               rung up my boy-friend
rasieren: *Peter hat sich heute erst nach dem Frühstück rasiert* – This
               morning Peter did not shave until after breakfast
studieren: *Wo hast du studiert?* – Where were you at college?
passieren: *Was ist auf der Autobahn passiert?* – What has happened
               on the autobahn (motorway)?

10. *bleiben*
bleiben – to stay, remain, is always conjugated with *sein* in the perfect
tense:
   sie ist geblieben – she has stayed, remained

Section XII – Verbs – pluperfect (past perfect) tense

The pluperfect is used in German, as in English, to express something which had happened before something else in past time. Usually a sequence of sentences in the past tense is concluded by one sentence in the pluperfect: e.g. I went into the restaurant and ordered a meal. But I could not pay for it, because *I had forgotten* my wallet.

Sign of the pluperfect (*Plusquamperfekt* in German) is *hatte(n)* or *war(en)* + the perfect participle.

1. Weak verbs
Die Freunde gingen zusammen ins Kino. Vorher hatten sie Fußball gespielt

2. Strong verbs
Jetzt war er glücklich, denn er hatte nie vorher im Lotto gewonnen.
Beim Klassenausflug wanderten wir sechs Stunden; so weit war ich meines Lebens noch nie gelaufen.

3. Verbs (intransitive) indicating motion, change of state or condition
Ich lief so schnell wie möglich nach Hause. Aber ich kam zu spät an. Die Eltern waren schon weggefahren.
Wir haben überall gesucht – oben im Dachkammer, unten im Keller, sogar unter dem Dielenbrett – alles vergeblich! Das Geld war verschwunden!

Similarly *sein* and *bleiben*

Section XIII – Verbs – future and future perfect tense

1. Future

In English, the sign of the future tense is 'will', 'shall', 'am going to'. In German this tense is formed by the auxiliary verb *werden* + infinitive.

The future tense is commonly used to express the intention of doing something at some indefinite time in the future, whereas if the exact time in the future is specified, German tends to use the present tense:

Eines Tages werde ich mich rächen! – I will have my revenge one day!
Ich werde da sein! – I will be there!

but:

I will come tomorrow evening at 8 o'clock – *Ich komme morgen abend um 8 Uhr.*
We are going to go bowling this evening – *Heute abend gehen wir kegeln.*

2. Future Perfect

Sign of the future perfect tense is 'will have' in English. The tense is formed in German by *werden* + the perfect participle with either *haben* or *sein*

He will have everything settled by then! – *Bis dahin wird er alles erledigt haben!*

You will have known Rudi; he played with Mönchengladbach! – *Sie werden Rudi gekannt haben; er hat mit Mönchengladbach gespielt!*

English usage is similar:

'You will not have seen that film – it was a black and white! – *Sie werden diesen Film nicht gesehen haben – er war schwarzweiß!*

Section XIV – Verbs – commands and exhortations

It is essential here in the imperative to distinguish between the three words for 'you' in German [see section V 1 a on pronouns]

1. Is one talking to *du, ihr,* or *Sie* people?

(a) talking to a person one addresses as *du*:
(b) talking to persons one addresses as *ihr*.
(c) talking to one person or several people whom one addresses as *Sie*:

(a)	(b)	(c)
hol das Buch!	holt das Buch!	holen Sie das Buch!
komm schnell!	kommt schnell!	kommen Sie schnell!
mach den Mund auf!	macht auf!	machen Sie auf!
bring es mir!	bringt es mir!	bringen Sie es mir!
arbeite fleißig!, atme tief! note: -*e*	arbeitet fleißig! atmet tief!	arbeiten Sie fleißig, atmen Sie tief!
wasch dich! (note: no *Umlaut*)	wascht euch!	waschen Sie sich!
kauf dir etwas!	kauft euch etwas!	kaufen Sie sich etwas!
fahr vorsichtig! (no *Umlaut*)	fahrt vorsichtig!	fahren Sie vorsichtig!
lauf schnell! (no *Umlaut*)	lauft schnell!	laufen Sie schnell!

2. Strong verbs and exceptions
Here is a list of verbs whose stem-vowel changes in the present tense.
(a) the *du* form
(b) the *ihr* and *Sie* forms, which are regular

(a)	(b)
lesen – lies langsam!	lest langsam! – lesen Sie langsam!
helfen – hilf mir!	helft mir! – helfen Sie mir!
sehen – sieh mal da! – look there!	seht mal da! – sehen Sie mal da!
treffen – triff mich um 8 Uhr!	trefft mich dann! – treffen Sie mich dann!
nehmen – nimm es mit!	nehmt das! – nehmen Sie das!
treten – tritt vorsichtig ! – tread carefully!	tretet vorsichtig! – treten Sie vorsichtig!

werfen – wirf das weg! | werft das weg!
  | – werfen Sie das weg
schelten – schilt nicht! | scheltet nicht!
  – don't scold! | – schelten Sie nicht!
essen – iß nicht so viel! | eßt nicht so viel!
  | – essen Sie nicht so viel!
erschrecken – erschrick nicht! | erschreckt nicht!
  – don't be afraid | – erschrecken Sie nicht!

Not all strong verbs belong to this category. Note that verbs which add an *Umlaut* in the 2nd person singular, dispense with it in the command form: *lauf schnell! fahr vorsichtig!*

3. Imperative forms of *sein* and *haben*

sein:
    sei ihm nett! – be nice to him!;
    seid vorsichtig! – be careful!;
    seien Sie geduldig! – be patient!

haben:
    hab Geduld! – have patience!
    habt Spaß! – have fun!
    haben Sie sich einen schönen Urlaub! – enjoy your holiday!

Section XV – Verbs – passive voice of the verb

Let us look first at the difference between active and passive

	active voice	passive voice
Present tense	I clean the window	The window is cleaned by me
Past tense	I cleaned the window	The window was cleaned by me
Perfect tense	I have cleaned the window	The window has been cleaned by me
Future tense	I will (shall) clean the window	The window will (shall) be cleaned by me.
Pluperfect tense	I had cleaned the window	The window had been cleaned by me

The object (the window) of the verb 'clean' in the active voice becomes the subject in the passive voice. In German the passive voice uses the verb *werden* as its auxiliary, where English uses 'to be'.

	werden	
	singular	**plural**
1	ich werde	wir werden
2	du wirst	ihr werdet
3	er, sie, es wird	sie, Sie werden

1. Present tense, passive voice

This is formed by the present tense of *werden* + perfect participle:
Das Fenster wird oft geputzt – the window is often cleaned
Der Baum wird gefällt – the tree is being felled
Ich werde oft gefragt – I am often asked
Der Müll wird freitags eingesammelt – the rubbish is collected on Fridays

87

The passive stresses the happening or event, rather than the doer or agent. If the doer is mentioned, then in German the active voice is preferred. So in preference to this passive usage in English 'cigarettes are smoked by many teenagers', German prefers the active 'many teenagers smoke cigarettes' – *viele Teenager rauchen Zigaretten;*

similarly

'the garden is being dug by my father' would be rephrased in German 'my father is digging the garden' – *mein Vater gräbt den Garten um.*

However, 'a film is being shot in our village', where the action or event is stressed, remains in German – *ein Film wird in unserem Dorf gedreht;* and likewise 'cars are manufactured here' remains in the passive as *Autos werden hier hergestellt.*

The pronoun *man* (one) offers an alternative to the passive voice; thus 'Cars are manufactured here' becomes 'one manufactures cars here' – *man stellt hier Autos her.*

similarly

'a film is being shot here' becomes 'one is shooting a film here' – *man dreht hier einen Film*

von + dative is used to specify the 'doer' of the action:
Die Hotelgäste werden vom Wirt und nicht vom Kellner bedient – the guests
    are served by the landlord, not by the waiter

2. Past tense, passive voice
This is formed by *wurde* + perfect participle:

> *diese Fenster wurden nie geputzt*
> *der Baum wurde gefällt*
> *er wurde oft gefragt*
> *der Müll wurde gestern eingesammelt*
> *wurdet ihr nie bestraft?*
> *das Haus wurde 1970 gebaut.*

Alternatively these statements could have been framed in the active voice, with *man* as the impersonal agent: *man putzte diese Fenster; man fällte den Baum; man fragte ihn oft, u.s.w.*

88

3. Perfect tense, passive voice

When *werden* stands on its own, meaning 'to become', its form in the perfect tense, as in 'he has become', is *er ist geworden*, but when *werden* is an auxiliary verb in the passive voice, its perfect tense takes a special form, *worden*:

> *diese Fenster sind nie geputzt worden* – these windows have never been cleaned
> *der Baum ist gefällt worden*
> *er ist oft gefragt worden*
> *der Müll is gestern eingesammelt worden*
> *seid ihr nie bestraft worden?*
> *das Haus ist 1970 gebaut worden*

Alternatively these sentences could have been framed in the active voice, with *man* as the impersonal agent:

> *man hat diese Fenster nie geputzt.*
> *man hat den Baum gefällt*
> *man hat ihn oft gefragt*
> *man hat gestern den Müll eingesammelt*
> *hat man euch nie bestraft?*
> *man hat das Haus 1970 gebaut*

4. Future tense, passive voice

This employs *werden* in both its functions: as auxiliary to the future tense and to the passive voice:

'the windows will be cleaned' – *die Fenster werden geputzt werden*

Likewise:

> *der Baum wird gefällt werden* – the tree will be felled
> *er wird gefragt werden* – he will be asked
> *der Müll wird eingesammelt werden* – the rubbish will be collected
> *die Häuser werden gebaut werden* – the houses will be built

Alternatively these sentences could have been framed in the active voice, with *man* as the impersonal subject:

> *man wird die Fenster putzen*
> *man wird den Baum fällen*
> *man wird ihn fragen*
> *man wird den Müll einsammeln*
> *man wird die Häuser bauen*

5. Pluperfect tense, passive voice

the form *worden* is used as auxiliary, as in 3 above:

> *die Fenster waren geputzt worden* – the windows had been cleaned
> *der Baum war gefällt worden* – the tree had been felled
> *er war nie gefragt worden* – he had never been asked
> *der Müll war nie eingesammelt worden* – the rubbish had never been collected

Alternatively in the active voice, with *man* as impersonal subject:

> *man hatte die Fester geputzt*
> *man hatte den Baum gefällt*
> *man hatte ihn nie gefragt*
> *man hatte den Müll nie eingesammelt*

While *von* refers usually to the person as agent, *durch* specifies the means by which, and *mit* the object used:

> *er wurde von einem Radfahrer angefahren* – he was run into by a cyclist
> *der Schaden wurde durch Vernachlässigung verursacht* – the damage was caused by (through) neglect
> *Die Reifenpanne ist mit einem Gummiflicken repariert worden* – the puncture has been repaired with a rubber patch.

6. Modal verbs in the passive voice

'The damage must be repaired' shows us a passive voice ('be repaired') together with a modal verb ('must') We'll re-write this, changing its tense:

Past : The damage had to be repaired
Future : The damage will have to be repaired
Perfect : The damage has had to be repaired

Again, if the 'doer' is named, German prefers the active voice, whereas it uses the passive to stress the happening or action. Again, too, *man* offers an alternative to the passive voice.

(a) Present tense
(i) The damage must be repaired – *der Schaden muß repariert werden* or *man muß den Schaden reparieren*.
(ii) the damage must be repaired by me, or, I must repair the damage – *ich muß den Schaden reparieren*.

90

(b) Past tense
The illness had to be treated immediately – *Die Krankheit mußte sofort behandelt werden* or
man mußte sofort die Krankheit behandeln.

(c) Perfect tense
The illness has had to be treated immediately – *Die Krankheit hat sofort behandelt werden müssen* or
man hat die Krankheit sofort behandeln müssen.

(d) Future tense
The guests will have to be greeted – *die Gäste werden begrüßt werden müssen.*

This structure is rare; there is a less cumbersome alternative in the active voice: one will have to greet the guests – *man wird die Gäste begrüssen müssen.*

7. Passive voice where verbs take the dative case
[see section XVIII 3 a]
'I was given a present' must be changed in German to 'a present was given to me' – *Mir wurde ein Geschenk gegeben*, or, *mir wurde etwas geschenkt*, similarly
'I was brought flowers' must be rephrased as 'flowers were brought to me' – *mir wurden Blumen gebracht*
I was shown the sitting-room – *mir wurde das Wohnzimmer gezeigt*
I was told *mir wurde gesagt*
I was offered a bribe – *mir wurde Schmiergeld angeboten*

The alternative with *man* and the active voice is possible in all of these:

man brachte mir Blumen;
man zeigte mir das Wohnzimmer
man sagte mir
man hat mir Schmiergeld angeboten

8. Impersonal subject of the passive voice
In generalisations the passive voice is sometimes used with the pronoun *es*:
es wird geklatscht – people are gossiping
es wird Sonntags nicht gearbeitet – we don't work on Sundays
es wird immer mehr geschwänzt – children are dodging school more and more.

Section XVI – Subordinate clauses

(i) subordinate clauses are introduced by words like 'if', 'when', 'because', 'while', 'that', etc.
(ii) they do not make sense on their own, but need a principal sentence (or main clause) to complete the meaning.
(iii) in German the verb in a subordinate clause is placed last, and in that position a separable verb will not be separated.
(iv) the subordinate clause can come either before or after the principal sentence
(v) in German there is always a comma between the principal sentence and the subordinate clause.

1. Subordinating conjunctions

A subordinate clause is introduced by one of these subordinating conjunctions [see also section VII 2]:

nachdem – after
bevor, ehe – before
während – while
weil – because★
obwohl, obgleich – although
da – since (giving the reason)★
seit, seitdem – since
    (relating to time)
wenn – if★
wenn – when, whenever★
als – when★

als ob – as if
bis – until
daß – that
ob – if
    (when 'if' means 'whether')★
ohne daß – without
sobald – as soon as
solange – as long as
so daß – so that
damit – in order that

★ See note at end of this section

2. Word order

Now observe the word order in the complex sentence which results when the main and subordinate clauses combine.

In this first group the main clause comes first and the subordinate clause second:

Ich wasche mir die Zähne, bevor ich ins Bett gehe
Ich bleibe zu Hause, da es regnet

Sie ging schwimmen, obwohl das Wasser noch recht kalt war
Er kam ins Zimmer, ohne daß die Mutter ihn sah
Ich weiß, daß du gar keine Zeit hast
Wir spielten Schach, während er die Zeitung las

But in this second group of examples the subordinate clause precedes the main clause:

Bevor ich ins Bett gehe, wasche ich mir die Zähne
Da es regnet, bleibe ich zu Hause
Obwohl das Wasser noch recht kalt war, ging sie schwimmen
Ohne daß die Mutter ihn sah, kam er ins Zimmer
Daß du gar keine Zeit hast, weiß ich
Während er die Zeitung las, spielten wir Schach

When the subordinate clause comes first, the main clause begins with a verb, for the order of its subject and verb is inverted.

3. Separable verbs
In subordinate clauses these are not separated:

Bevor der Zug ankommt, kaufe ich eine Zeitung – Before the train arrives, I buy a newspaper (or *Ich kaufe eine Zeitung, bevor der Zug ankommt*)
Obwohl er krank aussieht, geht er an die Arbeit – Although he looks ill, he goes about the work
Weil die Buchmesse viele Touristen anzieht, sind die Bürger glücklich – The citizens are happy because the book-fair attracts many tourists.

4. Indirect questions
Direct question: When is he coming? – *Wann kommt er?*
Indirect question: I do not know when he is coming – *Ich weiß nicht, wann er kommt.*
Since the indirect question has no question mark after it, it is not as easily recognisable as the direct question. It consitutes a subordinate clause, and so the verb must come last.
Ich kann nicht sagen, wann die Post aufhat – I cannot say when the post office is open
Wir wissen nicht, wie lange der Zug in Dinslaken hält – We don't know how long the train will stop in Dinslaken.
Sie will herausfinden, wer mit uns in der Fabrik arbeitet – She wants to find out who is working with us in the factory.

5. Relative clauses

The relative subordinate clause (or subordinate adjective clause) is introduced by a relative pronoun [see section V 7].

Here again is the chart for the relative pronoun 'who', 'which' or 'that':

	singular			plural
	M	F	N	
Nom.	der	die	das	die
Acc.	den	die	das	die
Gen.	dessen	deren	dessen	deren
Dat.	dem	der	dem	denen

	singular	plural
Nom.	Das Haus, das im Tal steht, ist modern	Die Häuser, die vor uns stehen, gehören ihr
Acc.	Das Haus, das er bauen ließ, ist modern	Die Häuser, die wir bewundern, kosten viel
Gen.	Das Haus, dessen Dach rot ist, ist modern	Die Häuser, deren Besitzer im Ausland sind, sind in Gefahr
Dat.	Das Haus, in dem er wohnt, ist modern	Die Häuser, gegenüber denen wir wohnen, sind sehr alt

note on *weil, da, denn*
When offering a reason one can use *weil, da,* or *denn.*
Weil and *da* put the verb last, but *denn* does not, for it is a co-ordinating rather than a subordinating conjunction.
Ich bleibe zu Hause, weil/da ich krank bin but *Ich bleibe zu Hause, denn ich bin krank.*

note on *wenn, als, ob*
wenn − when, referring to (a) present and future time, and (b) repeated happenings in past time, where 'when' means 'whenever':

(a) *Wenn ich Geld habe, gehe ich einkaufen* − When I've money, I go shopping
Er wird zornig sein, wenn er kommt − He will be angry, when he comes

(b) *wenn ich fleißig gearbeitet habe, bin ich müde* – When (whenever) I've worked hard, I'm tired

als – when, referring to a single isolated happening in past time:
Als ich in Köln war, sah ich den Dom — When I was in Cologne, I saw the Cathedral

ob – if (meaning 'whether') introduces an indirect question:
Ich weiß nicht, ob er kommt – I do not know if (whether) he is coming.

Section XVII – *zu* + infinitive form of the verb

1. As subject
An infinitive clause, rather than a noun or pronoun, can be the subject of a sentence:

It is nice to swim in the sea – *Es ist schön, im Meer zu schwimmen*

It pleases me to go for a walk in the woods – *Es gefällt mir, im Wald zu spazieren*

It is impossible to cross the road – *Es ist ummöglich, die Straße zu überqueren*

Note the position of *zu* within the infinitive form of the separable verb:

> *Es freut mich sehr, dich wiederzusehen*
> *Es ist nicht erlaubt, ihn einzuladen*

Note also the modal verb + another verb:

Es macht mir große Freude, dir helfen zu können – it's my pleasure to be able to help you

Es ist schlecht, ohne eine Stelle leben zu müssen – It's bad to have to live without a job.

Es freut mich, ins Kino gehen zu dürfen – I'm glad to be allowed go to the cinema.

2. As object
An infinitive clause can also be the object rather than the subject:

I am beginning to prepare the lunch – *Ich fange an, das Mittagessen vorzubereiten.*

They regret having taken the bicycle – *Sie bedauern, das Fahrrad genommen zu haben*

I hope to see you soon again – *Ich hoffe, dich bald wiederzusehen*

I hope to be able to help you soon – *Ich hoffe, dir bald helfen zu können*

3. Construction *brauchen zu*
Du brauchst nur zu klopfen! – You need only to knock; you've only to knock

Du brauchst es nur zu sagen und ich bleibe bei dir! – You've only to say it and I'll stay with you

Das brauchte nicht zu sein! – That did not have to happen!

Since this verb bears a similarity in use to *müssen*, it has assimilated features of the Modal verb and occurs colloquially in the perfect tense in infinitive rather than perfect participle:

Wir haben Sonntags nicht zu arbeiten brauchen – We have not had to work on Sundays

Er hat seinem Vater nur zu schreiben brauchen – He has needed only to write to his father

4. Construction *ohne . . . zu*

She came into the room without greeting – *Sie kam ins Zimmer, ohne zu grüßen*

He sat down without taking off his hat – *Er setzte sich hin, ohne den Hut abzunehmen*

They went sailing without being able to swim – *Sie gingen segeln, ohne schwimmen zu können*

In these sentences the subject of the two clauses is identical:

She came into the room, without (*her*) greeting

He sat down, without (*his*) taking off his hat

They went sailing without (*their*) being able to swim

If this is not so, one must use the construction *ohne daß*:

I sat down without *his* noticing me – *Ich setzte mich hin, ohne daß er mich bemerkte.*

Compare these two sentences:

(i) He left the hotel without (his) paying the bill – *Er verließ das Hotel, ohne die Rechnung zu bezahlen*

(ii) He left the hotel without the policeman's seeing him – *Er verließ das Hotel, ohne daß der Polizist ihn sah.*

5. Construction with *um . . . zu*

This expresses purpose, and corresponds to English 'in order to'. It is similar in use to *ohne . . . zu*, and here again both subjects must be the same.

(i) subjects identical:

The motorist braked to avoid the pedestrian – *Der Autofahrer bremste, um dem Fußgänger auszuweichen*

I travel to Germany to improve my knowledge of the language – *Ich fahre nach Deutschland, um meine Sprachkenntnisse zu verbessern*

We save money to be able to go on holiday next year – *Wir sparen Geld, um nächstes Jahr in Urlaub fahren zu können*

(ii) subjects different, so one uses *damit*:

We save money so that our daughter can go to University in the autumn – *Wir sparen Geld, damit unsere Tochter im Herbst auf die Uni gehen kann*

I am writing it down so that you will not forget it – *Ich schreibe es auf, damit du es nicht vergißt*

The clown performs his tricks to please the children – *Der Clown führt die Kunststücke auf, damit die Kinder sich freuen*

6. Active or passive

Where the infinitive may be used in its passive voice in English, German prefers the active voice:

there is nobody to be seen – *es ist niemand zu sehen*
much is to be admired – *viel ist zu bewundern*
the loss is to be regretted – *der Verlust ist zu bedauern*
it is scarcely to be believed – *es ist kaum zu glauben*

7. Infinitive with *zu* after certain verbs

it is beginning to rain – *es fängt an zu regnen*
it has stopped raining – *es hat aufgehört zu regnen*
he decides to retire – *er entscheidet sich, in den Ruhestand zu treten*
it seems to be impossible – *es scheint unmöglich zu sein*

Section XVIII – Verbs in context

1. Construction after verb + preposition

At its simplest the preposition is followed by a noun or pronoun object:

sich freuen auf (+ Acc): *Wir freuen uns auf den Urlaub* – we are looking forward to the holiday

denken an (+ Acc): *Ich denke oft an ihn* – I often think of him

[see Section XX, 1, 2, 3]

However, if the preposition governs an entire phrase, then one has to insert a pronominal adverb followed by a *daß* clause, or by an infinitive clause with *zu*, depending on whether the subject in each clause is identical:

{ I am looking forward to (my) seeing you soon again – *Ich freue mich darauf, dich bald wiederzusehen*

I am looking forward to their cooking lunch – *Ich freue mich darauf, daß sie das Mittagessen kochen*

{ I rejoice over (my) having passed the exam – *Ich freue mich darüber, die Prüfung bestanden zu haben*

The young mother is glad that her baby doesn't immediately begin to cry – *Die junge Mutter freut sich darüber, daß ihr Kind nicht gleich zu weinen anfängt*

To sum up:

(i) I am waiting for an operation – *Ich warte auf eine Operation*

(ii) I am waiting to be operated on – *Ich warte darauf, operiert zu werden*

(iii) I am waiting for him to be operated on – *Ich warte darauf, daß er operiert wird*

2. Construction with *je . . . , desto . . .*

The longer he works, the more he earns – *Je länger er arbeitet, desto mehr verdient er*

The higher we fly, the more nervous she gets – *Je höher wir fliegen, desto ängstlicher wird sie*

The less he knows, the more he wants to know – *Je weniger er weiß, desto mehr will er wissen*

Note the position of the verb in each clause: after *je* it is transposed, whereas after *desto* it is inverted.

3. Verbs followed by the dative case

(a) Some verbs take a dative object. To help us remember that, we'll match them to an English equivalent which makes that 'to' explicit: *helfen* – to help, to give help to; *ich helfe dir* – I help you

danken	– to thank, give thanks to	*schaden*	– to hurt, do harm to
gratulieren	– to congratulate	*schmecken*	– to taste
helfen (i)	– to help, to give help to	*passen*	– to fit, suit
winken	– to wave to	*gleichen*	– to resemble, to be similar to
gefallen (ä)	– to please, be pleasing to	*nutzen*	– to be of use to
entsprechen (i)	– to correspond to	*glauben*	– to believe
antworten	– to answer, to reply to	*folgen*	– to follow
gehören	– to belong to	*begegnen*	– to meet, run into, to come across
widerstehen	– to resist, offer resistance to	*dienen*	– to serve, to be of service to
sich nähern	– to come near to, approach	*gehorchen*	– to obey
		vergeben (i)	– to forgive

Zigaretten schaden der Gesundheit – cigarettes are harmful to health
die Landschaft gefällt mir – I like the scenery
das glaube ich dir – I believe you
es dient dem Fortschritt – it serves progress
das nutzt unserem Gegner – that is of use to our opponent
wir nähern uns der Stadt – we are approaching the city
das Kleid paßt dir gut – the dress fits you well

(b) *Wie geht es?* or *wie geht's* – is followed by a Dative case:
Wie geht es dir ? Danke, es geht mir gut – How are you? – Thank you, I'm well
Wie geht es deinem Bruder? – How's your brother?
Wie geht es euren Eltern? – How are your parents?
Wie geht es Ihrer Tante? – How is your aunt?

Section XIX – Verbs – subjunctive mood

The subjunctive mood has two tenses in German – *Konjunktiv I* – present, and *Konjunktiv II* – past. A sign of the subjunctive 'would' in English is detectable in clauses like 'If I were there now', and 'he would (might) help me.'

1. Konjunktiv II

(i) *Weak Verb*: here the form is the same as in the past tense indicative mood (preterite), and so not recognisable as *Konjunktiv II*. To avoid this ambiguity German uses *würde* (would) + *infinitive*.

Imagine a 'real' situation and an 'unreal' situation:

real	unreal
Er spielt heute	*Ich würde nicht spielen* (if I were in his position)
Du kaufst das Kleid	*Ich würde es nicht kaufen* (in your place)
Sie machen Fehler	*Wir würden keine machen* (if we were in their situation)

(ii) *Strong Verb*

(a) strong verbs have a very distinctive *Konjunktiv II* form in the 1st, 2nd & 3rd persons singular, and in the 2nd person plural:

	singular	**gehen**	plural
1	ich ginge		wir gingen★
2	du gingest		ihr ginget
3	er, sie, es ginge		sie, Sie gingen★

★ The form of the 1st and 3rd persons plural is the same as the preterite forms, and so not clearly recognisable as *Konjunktiv II*. Consider once again 'real' and 'unreal' situations:

real	**unreal**
er geht schwimmen	*er ginge nicht schwimmen* clearly recognisable as Konjunktiv II, and does mean 'he would not go swimming', but in spoken German most people would say *er würde nicht schwimmen gehen*.
wir gehen schwimmen	*wir gingen nicht schwimmen* intended to mean 'we would not go swimming', would be understood as 'we did not go swimming', and so here one must say *wir würden nicht schwimmen gehen*.

To form the *Konjunktiv II* German uses *würde* + the infinitive for most verbs, with the exception of *haben*, *sein* and the Modal verbs

(b) In the *Konjunktiv II* of strong verbs an *Umlaut* occurs on stem vowels *a, o, u*:

	singular	**lesen**	**plural**
1	ich läse		wir läsen
2	du läsest		ihr läset
3	er, sie, es läse		sie, Sie läsen

Similarly, from

kommen – käme
fahren – führe
geben – gäbe
sehen – sähe
dringen – dränge
treten – träte
lügen – löge

(c) *Konjunktiv II* of *sein* and *haben*

ich wäre (would be)   ich hätte (would have)

	sein				haben	
	singular	**plural**			**singular**	**plural**
1	ich wäre	wir wären		1	ich hätte	wir hätten
2	du wärest	ihr wäret		2	du hättest	ihr hättet
3	er, sie, es wäre	sie, Sie wären		3	er, sie, es hätte	sie, Sie hätten

All forms of both verbs are clearly recognisable as *Konjunktiv II*, and are commonly used.

Again we'll imagine a real situation and an unreal situation:

real	**unreal**
er spielte	*Er hätte nicht gespielt* – He would not have played
er ging ins Kino	*Er wäre nicht ins Kino gegangen* – He would not have gone
sie hatte Pech	*Sie hätte Pech gehabt* – She would have had bad luck
ihr wart froh	*Ihr wäret froh gewesen* – You (pl.) would have been happy
sie hat mich gefragt	*Sie hätte mich gefragt* – She would have asked me
sie waren nach Dresden gefahren	*Sie wären nach Dresden gefahren* – they would have travelled to Dresden!

(d) *Konjunktiv II* of the modal verbs

ich müßte (would have to)   ich könnte (would be able to)

	müssen				können	
	singular	**plural**			**singular**	**plural**
1	ich müßte	wir müßten		1	ich könnte	wir könnten
2	du müßtest	ihr müßtet		2	du könntest	ihr könntet
3	er, sie, es müßte	sie, Sie müßten		3	er, sie, es könnte	sie, Sie, könnten

ich dürfte (would be allowed to)   ich möchte (would like)

	dürfen				**mögen**	
	singular	**plural**			**singular**	**plural**
1	ich dürfte	wir dürften		1	ich möchte	wir möchten
2	du dürftest	ihr dürftet		2	du möchtest	ihr möchtet
3	er, sie, es dürfte	sie, Sie dürften		3	er, sie, es möchte	sie, Sie möchten

These four are all clearly recognisable, but the *Konjunktiv II* forms of *wollen* and *sollen* are the same as their preterite forms, and so not recognisable as *Konjunktiv II*. They depend on some other indication of the *Konjunktiv: Wenn er verletzt wäre, sollte ich den Arzt anrufen* – if he were injured, I should be obliged to ring the doctor.

Note that the two infinitives already familiar from the perfect tense of the modal verbs [see section XI, 3] are a feature also of the *Konjunktiv II*.

Ich hätte ihm helfen sollen – I ought to have helped him
Wir hätten mitfahren dürfen – We would have been allowed to travel with the others
Du hättest die Panne reparieren können – You would have been able to repair the puncture

(e) Unusual forms in *Konjunktiv II*
  kennen – kennte
  nennen – nennte
  senden – sendete
  sterben – stürbe
  werfen – würfe
  helfen – hülfe
  stehen – stünde
würde + infinitive eliminates the need for these:
wenn er stürbe would seem so pedantic that in preference one would say *wenn er sterben würde*.

(f) *Konjunktiv II* in a conditional sentence (*ein Bedingungssatz*)
Again we distinguish between a 'real' and an 'unreal' condition:

104

real	**unreal**
with present tense, indicative mood	with Konjunktiv II
Wenn ich genug Geld habe, fahre ich ins Ausland – When/if I have enough money, I travel abroad	*Wenn ich genug Geld hätte, würde ich ins Ausland fahren (führe ich ins Ausland* is rare in spoken German) – If I were to have enough money, I would travel abroad.
Wenn Peter mich besucht, gehen wir ins Kino – If/When Peter visits me, we go to the cinema	*Wenn Peter mich besuchte, würden wir ins Kino gehen* – If Peter visited me, we would go to the cinema (what if one said *gingen wir ins Kino?*)

(g) *als ob + Konjunktiv II*

Er fährt Auto, als ob er Alain Prost wäre – He drives a car as if he were Alain Prost

Er tat so, als ob er kein Geld hätte – He acted as if he had no money

Er benahm sich, als ob er nie in der Schule gewesen wäre – He behaved as if he had never been at school

Sie fuhren vorbei, als ob sie keinen Unfall gesehen hätten – They drove past as if they had seen no accident

als ob can be replaced by *als* followed immediately by the verb:
  er fährt Auto, als wäre er Alain Prost
  er benimmt sich, als hätte er keinen Pfennig

(h) *Konjunktiv II* in expressing a wish

If only the exam were over! – *Wäre doch die Prüfung vorüber!*

If only we had more time! – *Hätten wir doch mehr Zeit!*

alternatively:

Wenn doch die Prüfung vorüber wäre! Wenn wir doch mehr Zeit hätten! or
Wäre die Prüfung nur vorüber! Hätten wir nur mehr Zeit!

In the past tense
Wäre er nur hier gewesen! – If only he'd been here!
Wenn wir doch ihr geholfen hätten! – If only we'd helped her!
Hätte er doch das nicht gemacht! – If only he hadn't done that!

(i) *Konjunktiv II* in indirect questions
Man fragt, ob nicht der Staat die Privatwirtschaft unterstützen müßte – One
   asks whether the state should not have to subsidise private enterprise.

(j) *Konjunktiv II* in reported speech is dealt with in 2 e f below.

2. Konjunktiv I

Konjunktiv I is used in German chiefly in reported speech when the
reporter wishes to indicate that he/she is not expressing his/her own
view, or wishes to distance himself/herself from the view expressed.
Otherwise the indicative mood is used in reported speech. Here
again, if the *Konjunktiv I* resembles the indicative form of the verb,
one must use the *Konjunktiv II*.
Examples of *Konjunktiv I*

(a) *Weak verb*

	spielen	
	singular	**plural**
1	ich spiele★	wir spielen★
2	du spielest	ihr spielet
3	er, sie, es spiele	sie, Sie spielen★

★ same as present tense, indicative

(b) *Strong verbs* that make an internal vowel change in the present
tense of their indicative mood:

	geben				**nehmen**	
	singular	**plural**			**singular**	**plural**
1	ich gebe★	wir geben★		1	ich nehme★	wir nehmen★
2	du gebest	ihr gebet		2	du nehmest	ihr nehmet
3	er, sie, es gebe	sie, Sie geben★		3	er, sie, es nehme	sie, Sie nehmen★

(c) Strong verbs that add an *Umlaut* over the stem vowel (*a, o, u*) in the present tense, indicative mood:

	fahren singular	plural
1	ich fahre★	wir fahren★
2	du fahrest	ihr fahret
3	er, sie, es fahre	sie, Sie fahren★

★ same as present tense, indicative mood

(d) *sein* and *haben*, *werden* and *wissen*

	sein singular	plural		**haben** singular	plural
1	ich sei	wir seien	1	ich habe★	wir haben★
2	du seiest	ihr seiet	2	du habest	ihr habet
3	er, sie, es sei	sie, Sie seien	3	er, sie, es habe	sie, Sie haben★

	werden singular	plural		**wissen** singular	plural
1	ich werde★	wir werden★	1	ich wisse	wir wissen★
2	du werdest	ihr werdet	2	du wissest	ihr wisset
3	er, sie, es werde	sie, Sie werden★	3	er, sie, es wisse	sie, Sie wissen★

(e) Modal verbs

	wollen singular	plural		**müssen** singular	plural
1	ich wolle	wir wollen★	1	ich müsse	wir müssen★
2	du wollest	ihr wollet	2	du müssest	ihr müsset
3	er, sie, es wolle	sie, Sie wollen★	3	er, sie, es müsse	sie, Sie müssen★

★ all identical to the forms of the present tense in the indicative mood

	könnnen singular	plural		dürfen singular	plural
1	ich könne	wir können★	1	ich dürfe	wir dürfen★
2	du könnest	ihr könnet	2	du dürfest	ihr dürfet
3	er, sie, es könne	sie, Sie können★	3	er, sie, es dürfe	sie, Sie dürfen★

	sollen singular	plural		mögen singular	plural
1	ich solle	wir sollen★	1	ich möge	wir mögen★
2	du sollest	ihr sollet	2	du mögest	ihr möget
3	er, sie, es solle	sie, Sie sollen★	3	er, sie, es möge	sie, Sie mögen★

★ all identical to the forms of the present tense in the indicative mood

Read this direct statement:

Ich heiße Fritz Müller und wohne in München. Ich bin verheiratet und habe drei Kinder. Jeden Tag fahre ich mit dem Auto ins Büro. Mein Nachbar fährt mit. Er steigt in der Stadtmitte aus und ich komme gegen 8 Uhr im Büro an. Ich arbeite bis 12 Uhr mittags und mache dann Pause.

A reporter might write as follows:

Der Mann erzählte mir, er heiße Fritz Müller und wohne in München. Er sei verheiratet und habe drei Kinder. Jeden Tag fahre er mit dem Auto ins Büro. Sein Nachbar fahre mit. Er steige in der Stadtmitte aus und Fritz komme gegen 8 Uhr im Büro an. Er arbeite bis 12 Uhr mittags und mache dann Pause.

daß at the beginning of the reported clause causes the verb to come last: *der Mann erzählte mir, daß er Fritz Müller heiße.*

All the verb forms in the above piece are clearly recognisable as *Konjunktiv I*

Read the following statements and the reported versions:

direct statement	indirect report
Ich habe kein Geld. Wir haben kein Geld. Meine Freunde haben kein Geld.	Er sagte, ich hätte kein Geld. Er glaubte, wir hätten kein Geld. Ich träumte, meine Freunde hätten kein Geld.

Here, because *Konjunktiv I* would have looked and sounded the same as the present indicative, we've chosen *Konjunktiv II*.

Reports may be introduced by – *er sagt, schreibt, glaubt, träumt, gibt . . . an, erzählt, berichtet, behauptet, meint, beteuert . . .*

(f) Statements and reports in the simple past or perfect tense. We use the auxiliary verbs *sein* or *haben* in their *Konjunktiv* form, followed by the perfect participle (or, with a *Modalverb*, by two infinitives)

Statement	Report
Ich hatte keine Zeit	Er glaubte, ich hätte keine Zeit gehabt
Er hatte keine Zeit	Ich glaubte, er habe keine Zeit gehabt
Ich war dort	Er sagte, ich sei dort gewesen
Er mußte nach Hause (gehen)	Er sagte, er habe nach Hause gehen müssen
Ich bin nach Hause gefahren	Er glaubte, ich sei nach Hause gefahren
Sie fuhren los	Er schrieb mir, sie seien losgefahren
Er blieb sitzen	Er sagte, er sei sitzengeblieben

(g) Commands in reported speech

Command	Report
Steh auf!	Er sagte, du sollest aufstehen
Stehen Sie auf!	Er sagte, Sie sollten aufstehen.

(h) Polite requests in reported speech

Polite request	Report
Gib mir bitte das Buch!	Er sagte, du mögest ihm das Buch geben

109

(i) Questions in reported speech

Question	Report
Wann fährt der Zug ab?	Er fragte mich, wann der Zug abfahre
Kannst du morgen mitfahren?	Er fragte, ob ich morgen mitfahren könne.

(j) *Konjunktiv I* is used also
in recipes
man nehme sechs Eier – one takes six eggs
man tue alles in einen Topf – one puts everything into a pot

in toasts
hoch lebe der König! – long live the king!
möge er glücklich sein! – may he be happy!

Section XX – Verbs and Prepositions

1. Verb + preposition + accusative case

achten auf	– to pay attention to
sich ärgern über	– to get annoyed at
sich aufregen über	– to get excited at
sich ausbreiten über	– to spead over (of fog, mist)
ausgeben für	– to spend (money) on
sich aussprechen über	– to express oneself on
austauschen gegen	– to exchange for
austeilen an	– to distribute to
befähigen für	– to qualify for
befragen über	– to question about
sich belaufen auf	– to amount to
beschränken auf	– to limit to
sich besinnen auf	– to remember
beten an	– to pray to
beten um	– to pray for
sich bewerben um	– to apply for
sich beziehen auf	– to refer to
bitten um	– to ask for
denken an	– to think of
sich einigen über	– to agree on
sich entscheiden für	– to decide on
erschrecken über	– to be alarmed at
fesseln an	– to bind, tie to.
feuern auf	– to fire at
sich gewöhnen an	– to accustom oneself to
glauben an	– to believe in
halten für	– to take for
hoffen auf	– to hope for
kämpfen um	– to fight for
kämpfen gegen	– to fight against
klagen über	– to complain about
sich kümmern um	– to concern oneself with
lachen über	– to laugh at
sich schämen über	– to be ashamed of
schätzen auf	– to estimate at

111

schießen auf	– to shoot at
schreiben an	– to write to
schwärmen für	– to be smitten with
spielen um	– to play for
staunen über	– to be amazed at
sich stützen auf	– to support oneself on
sich unterhalten über	– to converse about
sich verlassen auf	– to rely on
sich verlieben in	– to fall in love with
tauschen gegen	– to exchange for
verteilen auf	– to distribute among
verzichten auf	– to give up, do without
warten auf	– to wait for
wetten um	– to lay bets on
sich wundern über	– to wonder at
zählen auf	– to count on
zeigen auf	– to point at
zielen auf	– to aim at

2. Verb + preposition + dative case

abhängen von	– to depend on
beben vor	– to shake with (emotion)
beglückwünschen zu	– to compliment on
bersten vor	– to burst with (joy, anger)
beschützen vor	– to protect from
bestehen auf	– to insist on
bestehen aus	– to consist of
brauchen zu	– to need for (a purpose, goal)
brennen vor	– to burn with (an emotion)
duften nach	– to scent of
einladen zu	– to invite to
sich entschuldigen bei	– to apologise to
erkennen an	– to recognise by
sich erkundigen bei	– to enquire of
sich erkundigen nach	– to enquire after
festhalten an	– to hold on tightly to
fischen nach	– to fish for
forschen nach	– to search for
fragen nach	– to enquire about

sich fürchten vor	– to be afraid of
graben nach	– to dig for
gratulieren zu	– to congratulate on
greifen nach	– to reach for
hungern nach	– to hunger after
keuchen vor	– to gasp with
leben von	– to live on
leiden an	– to suffer from
teilnehmen an	– to take part in
sich rächen an	– to avenge oneself on
rechnen mit	– to reckon with
sich richten nach	– to conform to
riechen nach	– to smell of
schließen aus	– to conclude from
schmecken nach	– to taste of
schützen vor	– to protect against
sich sehnen nach	– to long for
sterben an	– to die of
stinken nach	– to stink of
streben nach	– to strive for
suchen nach	– to search for
träumen von	– to dream of
überreden zu	– to persuade to, convince in favour of
verbinden mit	– to link with
sich verloben mit	– to get engaged to
versöhnen mit	– to reconcile to
verurteilen zu	– to sentence to
verzweifeln an	– to despair of
warnen vor	– to warn of
weinen vor	– to weep with (joy, disappointment)
zittern vor	– to tremble with
zweifeln an	– to have doubts about
zwingen zu	– to compel to
zählen zu	– to count amongst

3. Verb + preposition + genitive case

verhaften wegen	– to arrest on grounds of
verurteilen wegen	– to convict of
ausschelten wegen	– to scold for

4. Strong verbs

only the most common are listed here:

befehlen (ie)	*befahl*	*hat befohlen*	– to order
beginnen	*begann*	*hat begonnen*	– to begin
beißen	*biß*	*hat gebissen*	– to bite
bergen (i)	*barg*	*hat geborgen*	– to rescue
biegen	*bog*	*hat gebogen*	– to bend, turn
bieten	*bot*	*hat geboten*	– to offer
binden	*band*	*hat gebunden*	– to tie
bitten	*bat*	*hat gebeten*	– to ask, request
blieben	*blieb*	*ist geblieben*	– to stay, remain
brechen (i)	*brach*	*hat gebrochen*	– to break
erschrecken (i)	*erschrak*	*ist erschrocken*	– to get a fright
essen (i)	*aß*	*hat gegessen*	– to eat
fahren (ä)	*fuhr*	*ist gefahren*	– to travel
		hat gefahren	– to drive a car
fallen (ä)	*fiel*	*ist gefallen*	– to fall
fangen (ä)	*fing*	*hat gefangen*	– to catch
fließen	*floß*	*ist geflossen*	– to flow
fliegen	*flog*	*ist geflogen*	– to fly
		hat geflogen	– to fly a plane
geben (i)	*gab*	*hat gegeben*	– to give
gehen	*ging*	*ist gegangen*	– to go
geschehen (ie)	*geschah*	*ist geschehen*	– to happen
greifen	*griff*	*hat gegriffen*	– to grasp, reach for
haben	*hatte*	*hat gehabt*	– to have
halten (ä)	*hielt*	*hat gehalten*	– to stop
hängen	*hing*	*hat gehangen*	– to be hanging
heben	*hob*	*hat gehoben*	– to lift
heißen	*hieß*	*hat geheißen*	– to be called
helfen (i)	*half*	*hat geholfen*	– to help
kommen	*kam*	*ist gekommen*	– to come
lassen (ä)	*ließ*	*hat gelassen*	– to leave, let
laufen (äu)	*lief*	*ist gelaufen*	– to run
lesen (ie)	*las*	*hat gelesen*	– to read
liegen	*lag*	*ist gelegen*	– to be lying
nehmen (du nimmst,	*nahm*	*hat genommen*	– to take
er nimmt)			

114

riechen	*roch*	*hat gerochen*	– to smell
rufen	*rief*	*hat gerufen*	– to shout, to call
scheinen	*schien*	*hat geschienen*	– to shine, seem
schlafen (ä)	*schlief*	*hat geschlafen*	– to sleep
schlagen (ä)	*schlug*	*hat geschlagen*	– to hit, strike
schreien	*schrie*	*hat geschrie(e)n*	– to shout, scream
schweigen	*schwieg*	*hat geschwiegen*	– to be silent
schwimmen	*schwamm*	*ist/hat geschwommen*	– to swim
sehen (ie)	*sah*	*hat gesehen*	– to see
sein	*war*	*ist gewesen*	– to be
singen	*sang*	*hat gesungen*	– to sing
sinken	*sank*	*ist gesunken*	– to fall, sink
sitzen	*saß*	*ist/hat gesessen*	– to sit
sprechen (i)	*sprach*	*hat gesprochen*	– to speak
springen	*sprang*	*ist gesprungen*	– to jump
stehen	*stand*	*ist/hat gestanden*	– to be standing
stehlen (ie)	*stahl*	*hat gestohlen*	– to steal
steigen	*stieg*	*ist gestiegen*	– to climb, rise
sterben (i)	*starb*	*ist gestorben*	– to die
streiten	*stritt*	*hat gestritten*	– to quarrel
tragen (ä)	*trug*	*hat getragen*	– to wear, carry
treffen (i)	*traf*	*hat getroffen*	– to meet
treten			
(du trittst,			
er tritt)	*trat*	*ist/hat getreten*	– to step, to kick
trinken	*trank*	*hat getrunken*	– to drink
tun	*tat*	*hat getan*	– to do, to put
vergessen (i)	*vergaß*	*hat vergessen*	– to forget
verlieren	*verlor*	*hat verloren*	– to lose
wachsen (ä)	*wuchs*	*ist gewachsen*	– to grow
waschen (ä)	*wusch*	*hat gewaschen*	– to wash
werden			
(du wirst,	*wurde*	*ist geworden*	– to become
er wird)			
werfen (i)	*warf*	*hat geworfen*	– to throw
wiegen	*wog*	*hat gewogen*	– to weigh
ziehen	*zog*	*hat gezogen*	– to pull, draw
zwingen	*zwang*	*hat gezwungen*	– to compel

5. Irregular weak verbs

brennen	*brannte*	*hat gebrannt*	– to burn
bringen	*brachte*	*hat gebracht*	– to bring
denken	*dachte*	*hat gedacht*	– to think
kennen	*kannte*	*hat gekannt*	– to know people, places
nennen	*nannte*	*hat genannt*	– to name, call
rennen	*rannte*	*ist gerannt*	– to run, race
senden	*sandte*	*hat gesandt*	– to send
sich wenden	*wandte sich*	*hat sich gewandt*	– to turn (oneself)

Section XXI – Word order

We've already seen how in the German sentence:
the verb must be second idea in a main statement;
if the verb is placed first, it is a question, or a wish;
the verb is placed last in a subordinate clause [section XVI];
the perfect participle is placed last in the main clause [XI];
the infinitive with or without *zu* is placed at the end of its clause
    [section XVII]
in a main clause, the separable prefix is placed at the end [Section IX 6]
in a subordinate clause, the separable prefix joins its verb at the end of
    the clause [section XVI 3]
Here are some further guidelines as to word order

1. Adverbs
(a) Time – Manner – Place
This formula reminds us that adverbs of time take precedence over
those of manner, which in turn take precedence over those of place.

> *Ich fahre morgen mit dem Zug nach Bonn*
> *Er saß den ganzen Abend gespannt vor der Glotze*

(b) Of two or more adverbs of the same type, the general precedes
the particular: *Ich fahre morgen um 10 Uhr.*

(c) In German the subject cannot be separated from its verb by an
adverb, as it may be in English:
> We never go rowing – *Wir gehen nie rudern*

(d) Position of *nicht*:
(i) *nicht* is generally placed after the noun which follows the verb:
> *Ich höre die Musik nicht*
> *Ich kenne die Sängerin nicht*

(ii) If there is a preposition before the noun, *nicht* precedes it:
> *Er kommt nicht aus dem Rathaus*
> *Ich spiele nicht mit dem Kind*

(iii) In the Time-Manner–Place example in (a) above, *Ich fahre morgen
mit dem Zug nach Bonn*, the negative would be placed before the
element indicating Manner, to give *Ich fahre morgen nicht mit dem Zug
nach Bonn*

In the shorter sentence *Ich fahre morgen nach Bonn*, the negative is placed after the Time element to give *Ich fahre morgen nicht nach Bonn.*

The correct positioning of *nicht* comes with experience and with a feel for the language.

2. Link-words (Adverbs and Conjunctions)

und, aber, denn, oder, sondern, linking main clauses do not affect word order [Section VII 1]

Ja and *nein* are regarded as standing outside the sentence, and do not affect the word order; the sentence starts only with the word that comes next. The same applies to any word or words before a comma at the beginning of the sentence:

Herr Schmidt, Sie müssen mir helfen.

Mein Gott, woher wissen Sie das?

Na ja, so etwas kann mal vorkommen!

Doch, er kommt!

3. Nouns and Pronouns

(a) When two nouns are present, the noun in the dative case precedes that in the accusative: *Der Vater kauft dem Sohn ein Fahrrad*

(b) However, of two pronouns the accusative takes precedence over the dative: *Der Vater kauft es ihm.*

(c) with a noun and a pronoun, the pronoun precedes the noun: *Der Vater kauft ihm ein Fahrrad* and *Der Vater kauft es dem Sohn.*

(d) of two pronouns, the personal will precede the impersonal: *Er gab mir nichts; ich gebe ihm alles.*

. PART 2 .

Exercise 1 [Section II 1a]

Fill in the missing words

	M	F	N
Nom.	der	die	das

- (i) _____ Popsängerin heißt Madonna
- (ii) _____ Kleid ist toll
- (iii) _____ Katze ist krank
- (iv) _____ Fernseher ist schwarz-weiß
- (v) Ist _____ Musik nicht fantastisch?
- (vi) _____ Lehrer heißt Herr Kramer
- (vii) _____ Teppich kostet viel
- (viii) _____ Hemd ist rot
- (ix) Ist _____ Mantel schwarz?
- (x) _____ Bein ist kaputt.

Exercise 2 [Section II 1a]

Supply the definite article; this time it is the object of the verb:

	M	F	N
Acc.	den	die	das

- (i) Das Mädchen sucht _____ Mantel
- (ii) Wir decken _____ Tisch
- (iii) Rudi hört _____ Musik
- (iv) „Frau Graf, bügeln Sie _____ Kleid?"
- (v) Der Hund beißt _____ Lehrer.
- (vi) Die Lehrerin lobt _____ Schüler.
- (vii) Heidi pflückt _____ Blume.
- (viii) Herr Müller kauft _____ Stuhl.
- (ix) „Ilse, verkaufst du _____ Bild?"
- (x) Ich bewundere _____ Baum.

Exercise 3 [Section II 1a]

Again, accusatives.

_____ Gitarre
_____ Kleid
_____ Fernseher
_____ Lampe
_____ Stuhl

┌─────────────┐
│   │
│ Ich kaufe │
│   │
└─────────────┘

_____ Bild
_____ Teppich
_____ Hemd
_____ Jacke
_____ Cola
_____ Bett

Exercise 4 [Section IX 1a]

Form sentences! – *Bilden Sie Sätze!*

'the'

ich, Rudi,	liebt, besucht,
wir, „Ihr",	kaufen,
Frau Braun,	küßt,
Hanna,	decken, hört,
Herr Schmidt,	verkaufe,
sie (plur.),	bestellt,
sie (sing.),	kennst,
„du",	näht,
Max und Ilse,	bauen,

__ Brot
__ Schule
__ Tisch
__ Hemd
__ Gruppe
__ Teppich
__ Hund
__ Musik
__ Haus
__ Cola
__ Popsänger

What goes with what? Only certain combinations are possible!

Exercise 5 [Section II 1a]

	M	F	N
Gen.	*des*	*der*	*des*
	+-(e)s		+-(e)s

missing genitives:

    (i)   Das Haus _____ Lehrerin ist schön.

    (ii) Der Bleistift _____ Mädchen _____ ist rot.

    (iii) Das Dach _____ Haus_____★ ist kaputt

★ Why must one add *-es* here?

(iv)   Der Hund ＿＿ Lehrer＿＿ beißt
 (v)   Das Bild ＿＿ Hund ＿＿ ist teuer
 (i)   ＿＿ Hemd ＿＿ Mädchens ist weiß.
 (ii)   ＿＿ Bett ＿＿ Kinds ist kurz
(iii)   ＿＿ Tisch ＿＿ Lehrerin ist neu
(iv)   ＿＿ Mantel ＿＿ Lehrers ist alt
 (v)   ＿＿ Musik ＿＿ Popgruppe ist toll

Exercise 6 [Section II 1a]

missing datives, etc.

	M	F	N
Dat.	*dem*	*der*	*dem*

  (i)   ＿＿ Mädchen spielt mit ＿＿ Katze
 (ii)   ＿＿ Lehrerin wohnt gegenüber ＿＿ Schule
(iii)   Ich komme von ＿＿ Disko
(vi)   Er geht nicht zu ＿＿ Schule.
 (v)   „Willi, spielst du Fußball nach ＿＿ Schule?"
(vi)   Wir kommen von ＿＿ Krankenhaus. (vom)
(vii)   Sie malt mit ＿＿ Bleistift
(viii)   Gudrun kommt aus ＿＿ Haus.

Exercise 7 [Section IX 1a]

Verbs (the infinitive ends in -en)

rauchen – to smoke	*liegen* – to lie	*bedienen* – to serve
putzen – to clean	*fragen* – to ask	*heilen* – to cure
führen – to lead	*finden*★ – to find	*pflegen* – to look after
spülen – to rinse	*sitzen* – to sit	*binden*★ – to tie
suchen – to look for	*bellen* – to bark	*stehen* – to stand
schärfen – to sharpen	*verlieren* – to lose	*arbeiten*★ – to work

★ = extra *e*

From the list find a suitable verb, and supply the correct form:

  (i)   Die Krankenschwester ＿＿ die Oma
 (ii)   Der Hund ＿＿
(iii)   Ich ＿＿ das Auto
(iv)   Er ＿＿ mit dem Mädchen

   (v) Der Vater ____ den Sohn
  (vi) Das Kaufhaus ____ gegenüber dem Kino
 (vii) Der Kellner ____ die Familie
(viii) Die Ärtzin ____
  (ix) Der Fleischer ____ das Messer
   (x) Der Opa ____ Pfeife

Exercise 8 [Section IX 1a] – revision

Insert the missing word:
  (1) „Herr Brandt, rauchen ____?"
  (2) „Frau Maurer, wo arbeiten ____?"
  (3) „Rudi, ____ spielst gut!"
  (4) „Gudrun und Christine, wo wohnt ____?"
  (5) „Herr und Frau Becker, loben ____ Boris?"
  (6) Wir suchen ____ Kind.
  (7) Der Opa findet ____ Bleistift.
  (8) ____ Mutter verliert ____ Mantel
  (9) ____ Kind bewundert ____ Schiff.
(10) ____ Popsängerin heißt ____ .
(11) ____ wohnt gegenüber ____ Krankenhaus?
(12) ____ kommt die Lehrerin?
(13) ____ heißt du?
(14) ____ loben sie den Sänger? Er ist fantastisch!!
(15) ____ sitzt Max? Gegenüber ____ Kino.
(16) Rudi und Max ____ aus dem Kaufhaus.
(17) Herr Kreisler ____ in Berlin.
(18) Frau Schmidt ____ das Geschirr.
(19) ____ Bürgermeister und die Hausfrau ____ aus ____ Rathaus.
(20) Christine ____ Rudi das Kaufhaus.
(21) Die Sekretärin sitzt ____ ____ Schule.

Exercise 9 (a) [Section II 1a] – revision

definite article, accusative or dative:
  (1) Der Rauch kommt aus ____ Schornstein.
  (2) Der Arzt haßt ____ Rauch.
  (3) Die Bauarbeiter kommen von ____ Baustelle.
  (4) Die Firma baut ____ Fabrik gegenüber ____ Kirche.
  (5) Wer wohnt bei ____ Ärztin?

(6) Was macht Jürgen nach _____ Schule?
(7) Heute putzt der Opa _____ Stühle.
(8) Wir lernen seit _____ Sommer Deutsch.
(9) Morgen gehen wir zu _____ Post. (zur)
(10) Der Briefträger steckt _____ Brief in den Briefkasten.

Exercise 9 (b) [Section II 1a]

nominative or genitive – singular or plural?
(1) _____ Eltern _____ Kindes wohnen hier.
(2) _____ Netz _____ Spinne ist sehr dünn.
(3) _____ Brote _____ Bäckers schmecken (taste) sehr gut.
(4) _____ Mantel _____ Ärztin ist lang.
(5) _____ Beine _____ Tische sind kaputt.
(6) _____ Tante _____ Kinder wohnt dort.
(7) _____ Kinder _____ Gastarbeiter wohnen hier.
(8) _____ Hände _____ Mütter sind schön.
(9) _____ Schloß _____ Königin steht dort.
(10) _____ Schlüssel _____ Schublade ist sehr alt.

Exercise 9 (c) [Section IX 1c]

Supply the appropriate form of the verb *sammeln*
„Rudi, was _____ du?"
Wir _____ nichts
„Vati, warum _____ du Streichholzschachteln?"
Ich _____ Briefmarken
Was _____ du?
Wer _____ Plaketten?

Exercise 10 [Section II]

plurals and genders
  Without immediately using your dictionary, see if you can fill the gaps correctly.
(1) _____ Professorin liebt _____ Universität.
(2) Ich wohne bei _____ Bäcker.
(3) _____ Sommer hat drei Monate.
(4) _____ Stadion steht neben _____ Konditorei.
(5) _____ Techniker liebt _____ Lehrerin.

(6) _____ Mädchen küssen _____ Popstar.

(7) _____ Demonstration beginnt um 14 Uhr.

(8) _____ Männlein heißt Rumpelstilzchen.

(9) _____ Identität des Diebes ist unklar.

(10) _____ Mündung _____ Flusses ist sehr breit.

(11) Ich lese _____ Testament der Frau.

(12) Ist _____ Licht nicht zu hell?

(13) Ich finde _____ Nichte _____ Ärztin sehr nett.

(14) In _____ (im) Winter bauen wir _____ Schneemann.

(15) _____ Arbeit _____ Sekretärin ist sehr sauber.

(16) _____ Tanten haben nur _____ Nichte.

(17) Wir lieben _____ Freiheit.

(18) _____ Junge und _____ Mädchen heißen Johann und Maria.

(19) _____ Norden ist kalt; die Sonne scheint im Süden.

(20) _____ Lösung des Problems ist nicht einfach.

Exercise 11 [Section I 3f]

All the nouns listed below form their plurals by adding either -*e* or ⁻*e*
  e.g. der Schuh – die Schuhe, der Fuß – die Füße

das Tier	der Arzt	der Weg	der Vorhang
der Bericht	der Tisch	der Turm	das Regal
der Teppich	der Ohrring	der Bleistift	das Pferd
die Hand	die Stadt	das Flugzeug	der Tag

Use these nouns in their plural forms to complete the following
sentences:

(1) _____ _____ sind aus Holz ⎫

(2) _____ _____ sind aus Wolle ⎬ *aus* – made of

(3) _____ _____ sind aus Gold ⎭

(4) Wir schreiben mit _____ _____ .

(5) _____ _____ heilen die Menschen.

(6) Der Zimmermann baut _____ _____ .

(7) _____ _____ fressen.

(8) _____ _____ rennen schnell.

(9) _____ _____ sind in der Zeitung.

(10) _____ _____ schmerzen.

(11) Die Touristen besuchen _____ _____ .

(12) _____ _____ in dem Sommer sind (are) lang.

(13) ____ ____ führen durch (through) den Wald.
(14) Die Piloten kommen aus ____ ____ .
(15) Mein Freund näht ____ ____ .
(16) Die ____ heißen Hamburg und Berlin.

The nouns in the following sentences have formed their plurals by adding -*e* or *̈e*

Now put the sentences back into the singular
1. Wir kaufen die Bälle.
2. „Ihr bewundert die Berge.“
3. Keine Briefe kommen heute.
4. „Kennt ihr die Diebe?“
5. Wir sitzen gegenüber den Bäumen.
6. Baüme sind schön
7. Die Bleistifte fehlen
8. Haustiere brauchen Liebe
9. Die Brote schmecken
10. Sind die Plätze frei?

Exercise 12 [Section I 3h]

These nouns form their plurals by adding -*er* or *̈er*

das Land	das Kind	das Feld	das Haus	das Schild
das Buch	der Mann	das Ei	der Wald	
das Bild	das Kleid	das Nest	das Fach	

Use those nouns in their plural forms to complete these sentences:
(1) ____ ____ heißen Irland und England.
(2) Wir lesen ____ ____ .
(3) Die Vögel bauen ____ ____ .
(4) ____ ____ spielen mit den Puppen.
(5) Die Mutter kocht ____ ____ .
(6) Die Tiere wohnen in ____ ____ .
(7) ____ ____ bauen ____ ____ .
(8) Die Mädchen tragen ____ ____ .
(9) ____ Vögel legen ____ ..
(10) ____ hängen gegenüber dem Rathaus.
(11) Meine Lieblings ____ heißen Deutsch und Englisch.
(12) Die Künstler verkaufen ____ ____ .

Exercise 13 [Section 1 3b]

These nouns form their plurals by modifying the vowel, i.e. by putting on an *Umlaut*:

der Apfel	der Vater	der Vogel	die Tochter
der Laden	der Bruder	der Mantel	der Schnabel
	die Mutter	der Garten	

Again, complete the sentences with these nouns in their plural forms:
 (1) ＿＿ ＿＿ fressen Würmer.
 (2) ＿＿ ＿＿ heißen Karl und Rudi.
 (3) ＿＿ ＿＿ heißen Gudrun und Ilse.
 (4) ＿＿ ＿＿ haben schöne Blumen.
 (5) ＿＿ ＿＿ sind sauer.
 (6) ＿＿ ＿＿ picken mit ＿＿ ＿＿.
 (7) Wir sitzen gegenüber ＿＿ ＿＿.
 (8) ＿＿ ＿＿ heißen Frau Schmidt und Frau Weiß.
 (9) ＿＿ ＿＿ sind aus Wolle.
(10) ＿＿ ＿＿ kommen aus der Schule.

Exercise 14 [Section I 3d]

To change the male livelihood to the female livelihood add *−in* e.g. *die Malerin, die Lehrerin*. To form their plurals add *−nen*, to give *die Malerinnen, die Lehrerinnen*. Now naming either males or females, complete the sentences below. (There's no need to use *die*)
 (1) ＿＿ schneiden Stoff.
 (2) ＿＿ reparieren Autos.
 (3) ＿＿ lieben die Technik.
 (4) ＿＿ schreiben Bücher.
 (5) ＿＿ komponieren Lieder.
 (6) ＿＿ berichten.
 (7) ＿＿ unterrichten.
 (8) ＿＿ bauen Häuser.
 (9) ＿＿ singen Hits.
(10) ＿＿ verkaufen Wurst.
(11) ＿＿ malen Bilder.
(12) ＿＿ lieben die Kunst.
(13) ＿＿ bedienen Kunden.

Exercise 15 [Section I 3c]

These nouns form their plurals by adding −*n*. They are all feminine:

Lederjacke	Straße	Dose	Mauer	Decke
Schnalle	Nase	Blume	Schwester	Lampe
Rose	Platte	Tulpe	Nadel	Postkarte

Insert their plural forms:
- (1) ____ ____ fallen von den Bäumen
- (2) ____ und ____ sind Blumen.
- (3) Ich kaufe alle ____ von U2.
- (4) Die ____ führen aus der Stadt.
- (5) ____ ____ heißen Heidi und Maria
- (6) Die Bauarbeiter bauen ____ ____.
- (7) Wir trinken Cola aus ____.
- (8) ____ ____ geben Licht.
- (9) ____ ____ kommen aus Deutschland.
- (10) Die Hosen haben ____.
- (11) Wir malen ____ ____ weiß.
- (12) Die ____ der Clowns sind rot.
- (13) Jugendliche★ tragen ____.

★ *Jugendliche* is a useful word, as it means both girls and boys

Exercise 16 [Section I 3a]

The male livelihoods which end in *-er* make no change in the plural:

Bäcker	Popsänger	Maler	Dolmetscher
Fleischer	Kellner	Mechaniker	Bauarbeiter
Schriftsteller	Schneider	Musiker	
Lehrer		Reporter	

Here are verbs to suit the nouns above; pair a noun with a verb to form simple sentences:

komponieren	schneiden	bauen	malen
schreiben	singen	berichten	
reparieren	übersetzen	schlachten	
backen	unterrichten	bedienen	

127

Exercise 17 [Section IX 2]

Use the appropriate forms of *sein* and *haben* to fill in the blank spaces:
  (1) "Helga und Thomas, ____ ihr müde?"
  (2) Der Bäcker ____ heute kein Brot.
  (3) „____ deine Schwester Lehrerin?"
  (4) „Frau Braun, ____ Sie allein im Haus?"
  (5) Wer ____ meinen Bleistift?
  (6) Wo ____ der Vater des Kindes?
  (7) Willi und Helmut ____ keinen Fußball.
  (8) „Max und Franz, ____ ihr da?"
  (9) Die Schüler ____ gegenüber der Schule.
 (10) Else ____ keinen Bruder.
 (11) Herr und Frau Müller ____ heute hier.
 (12) Ich ____ dreizehn (13) Jahre alt und ____ einen Bruder und eine ____ .
 (13) „____ du nicht einsam, Maria?"
 (14) Ich ____ kein Geld. Meine Taschen ____ leer.
 (15) „Kinder, ____ ihr keine Bücher?"
 (16) Es __ heute kalt. Hanno ____ einen Schnupfen.
 (17) Rosen ____ rot. Veilchen ____ blau?
 (18) „____ du krank, Heidi?"
 (19) ____ Thomas und Gudrun faul?
 (20) „Thomas und Gudrun, ____ ihr faul?"

Exercise 18 [Section IV 2a]

Insert the correct preposition + accusative
  (1) Der Ball fliegt ____ das Fenster.
  (2) „Warum kommst du ____ einen Kuli zur Schule?"
  (3) „Bist du ____ oder ____ Kernkraftwerke?"
  (4) Der Polizist geht die Straße ____ .
  (5) Schneewittchen und die sieben Zwerge sitzen ____ den Tisch.
  (6) Dieser Brief ist ____ deinen Bruder.
  (7) Ich trinke Kaffee ____ Milch.

Exercise 19 [Section II 2a]

Supply the indefinite article

	M	F	N
N	ein	eine	ein
A	einen	eine	ein
G	eines	einer	eines
D	einem	einer	einem

(1) _____ Kellnerin wohnt gegenüber der Schule

(2) Ich kenne _____ Arzt.

(3) Die Farbe _____ Baumes ist grün.

(4) Der Junge und das Mädchen kommen aus _____ Disko.

(5) Sie kauft _____ Bild von _____ Künstler.

(6) Er baut _____ Haus.

(7) Die Krankenschwester pflegt _____ Kind.

(8) Warum suchen sie _____ Sekretärin?

(9) Das Dach _____ Hauses ist schwarz oder rot.

(10) Die Oma kommt mit _____ Kleid.

Exercise 20 (a) [Section II 2b]

Supply possessive adjectives *mein*, *dein*, *sein*, *ihr*, u.s.w

(1) Inge liebt _____ Mutter.

(2) Johann kommt mit _____ Freund.

(3) „Herr Braun, ist das _____ Haus?"

(4) „Maria und Helga, ist das _____ Haus?"

(5) „Herr und Frau Braun, ist das _____ Haus?"

(6) Wir besuchen _____ Eltern heute.

(7) Das Kind sitzt gegenüber _____ Vater.

(8) Ilse kommt aus _____ Wohnung.

(9) „Rudi und Max, sind das _____ Bleistifte?"

(10) Ich besuche _____ Onkel und _____ Tante.

(11) „Helmut, wann kommt _____ Freundin?"

(12) Mein Vater verkauft _____ Auto.

(13) Unsere Eltern sprechen mit _____ Freunden.

(14) Die Schülerinnen lieben _____ Lehrerinnen.

(15) Max und Johann loben _____ Deutschlehrer.

(16) Herr und Frau Schmidt mähen _____ Rasen.

(17) „Ilse, hast du _____ Puppe in _____ Kinderwagen?"

(18) Die Lehrer besuchen _____ Eltern.

(19) „Max und Heinrich, warum steht ihr gegenüber _____ Haus?"

(20) Wir kennen _____ Nachbarn gut.

Exercise 20 (b) [Section V 1a, b]

Supply personal pronouns
  (1) Wo steckt die Kreide? _____ steckt in der Tasche.
  (2) Ist der Bleistift spitz? Nein, _____ ist stumpf.
  (3) Wo steht das Auto? _____ steht an der Straßenecke.
  (4) „He, du da! Deine Mutti ruft _____.“
  (5) „Max und Heini! Ich brauche _____.“
  (6) „Herr und Frau Weiß! Warum sitzen _____ im Schatten“?
  (7) Das Kind liebt das Baby und spielt oft mit _____.
  (8) Wir haben viele Freunde. Sie kommen oft zu _____.
  (9) Hans hat eine Freundin. Er geht oft mit _____ ins Kino.
 (10) Wo ist der Bleistift? Ich finde _____ nicht.
 (11) „Gudrun, deine Mutti sucht _____. Geh schnell zu _____.“
 (12) Wir loben den Lehrer, aber lobt er _____?
 (13) Unsere Freundinnen heißen Helga und Maria. Wir gehen oft
      mit _____ in die Disko.
 (14) Wer hat ein Foto von Nena? Ich finde kein Foto von _____ in
      meinem Fotoalbum.
 (15) Diese Bücher sind gar nicht (not at all) interessant. Ich verkaufe
      _____ morgen.
 (16) Unsere Tante besucht uns jedes Jahr. Aber dieses Jahr besuchen
      _____ _____.
 (17) Am Montag gehe ich zu dir. Am Mittwoch kommst _____ zu _____.
 (18) „Heidi und Helga! _____ seid aber faul! Warum arbeitet _____
      nicht?“

Exercise 21 [Section II 2b]

Insert the proper form of the possessive adjective:
(A) „Kennst du _____ Bruder?“
Ich suche _____ Hund.
Ich liebe _____ Vater.
Ich liebe _____ Mutter.
Sie bewundert _____ Zimmer.
_____ Haus ist schön.
_____ Gitarre ist weiß.

mein

(B) Anna pflegt _____ Oma.
Sophie lobt _____ Vater.
Lisa tanzt mit _____ Freund.
Sophie kommt von _____ Tante.
Hanna küsst _____ Mutter.

> ihr
> (her)

(C) Sie spielt mit _____ Freunden.
Das Haus _____ Freunds ist wunderbar.
Wer kommt aus _____ Haus?
_____ Musik ist toll.
Der Direktor _____ Schule heißt Herr Kreisler.

> unser

(D) „Ich kenne _____ Onkel"
„Das Dach _____ Hauses ist schwarz"
„Sucht ihr _____ Auto?"
„_____ Vater kommt"
„Ihr steht gegenüber _____ Schule"
„Ich finde _____ Musik toll"

> euer

Now use the same possessive adjectives, watching your endings:
(1) Er liebt _____ Onkel.
(2) Heidi liebt _____ Schwester.
(3) Karl und Hans suchen _____ Auto.
(4) „Frau Schmidt, loben Sie _____ Sohn?"
(5) Der Vater fragt _____ Sohn.
(6) Wir besuchen _____ Opa.
(7) Die Mutter küßt _____ Tochter.
(8) Der Bruder bügelt das Kleid _____ Schwester.
(9) Der Fleischer schärft _____ Messer.
(10) Ich liebe die Farbe _____ Zimmers.
(11) „Willi, suchst du das Hemd _____ Bruders?"
(12) „Christine und Anna, spielt ihr mit _____ Schwester?"
note that *euer* drops the middle e once it adds an inflexional ending

Exercise 22 [Section II 1b]

Supply the correct endings, using the appropriate form of either *dies-*, *jed-* or *all-*
(i) Dies– Haus kostet viel Geld.
(ii) Wer wohnt in dies– Haus?

  (iii) Jed– Schülerin hat eine Freundin.
  (iv) Warum tragen dies– Jungen Ohrringe?
  (v) Jed– Kind liebt seine Mutter.
  (vi) Nicht all– Eltern spielen Golf.
  (vii) Ich kenne dies– Fußballer nicht.
  (viii) Es spielen immer einige Kinder vor jed– Schule.
  (ix) Der Besitzer dies– Häuser ist reich.
  (x) Die Fans kommen aus all– Ländern.
  (xi) Die Lehrerin lobt jed– Schülerin.
  (xii) Dies– Popgruppe kommt aus Deutschland.

Exercise 23

Fill in the gaps with a suitable word
  (1) Wo ist der Arzt? Mein Finger _____.
  (2) Wohnt Herr Müller in Hamburg oder in Hannover? Ich kenne seine _____ nicht.
  (3) Dieses Jahr _____ wir Weihnachten zu Hause.
  (4) Der Handwerker _____ den Stoff blau.
  (5) Der Priester _____ das Baby mit Wasser.
  (6) Der Schüler _____ die Bücher mit einem Riemen.
  (7) Wir haben keinen Wein mehr. Die Flasche ist _____.
  (8) Der Film beginnt um 9 Uhr. Wann _____ er?
  (9) Er steht auf dem Sprungbrett und _____ ins Wasser.
  (10) Das Auto hat kein Benzin mehr. Der Autofahrer _____ an der Tankstelle.
  (11) Der Hecht ist ein _____. Er ist sehr _____.
  (12) Er ißt immer sehr viel. Sein Bauch ist immer _____.
  (13) Der Fuchs ist sehr _____.
  (14) Wir gehen zu Bett und _____ die Kerze.
  (15) Hier in der Höhle ist es sehr _____.

Exercise 24

Insert the missing words; they begin with the letter 'B'
  (1) Das Alphabet hat 26 B_____.
  (2) Ich habe viele B_____ in meiner Schultasche.
  (3) Erbsen und B_____ wachsen in unserem Garten.
  (4) Der Baum hat keine B_____ im Winter.
  (5) Der Honig kommt von den B_____.

132

(6) Der Apfel und die B_____ sind ähnlich.

(7) Das B_____ hängt an der Wand.

(8) Das Auto startet nicht. Der Motor braucht B_____.

(9) Mit der Suppe esse ich immer B_____.

(10) Die Indianer tragen immer einen B_____ und Pfeile.

(11) Ich schneide den Finger, und B_____ kommt aus der Wunde.

(12) Ich schlafe in einem B_____.

(13) Carrantuohill ist ein B_____ in der Grafschaft von Kerry.

(14) Otto von B_____ war Reichskanzler im 19ten Jahrhundert.

(15) „Die Leistung des Künstlers war absolut fantastisch. Hörst du den B_____ der Zuschauer?"

(16) Ich trinke Tee aus einer Tasse. Wasser trinke ich aus einem B__.

(17) Ich fange kleine Forellen im B_____.

(18) Die B_____ führt über den Fluß.

(19) Wie heißt Cäsars Mörder? Er heißt B_____.

(20) Ich sehe nicht mehr so gut. Ich brauche eine B_____.

(21) Ich putze die Zähne mit einer B_____.

Exercise 25

The missing words all begin with 'D'

(1) Ich habe 8 Finger und 2 D_____.

(2) Wir bemalen die D_____ über uns weiß.

(3) Der Kapitän des Schiffs ruft "Alle Mann an D_____ !"

(4) Der französische Thronfolger heißt der D_____.

(5) Die Badewanne ist kaputt, aber die D_____ funktioniert.

(6) Beim Kartenspiel ist die D_____ die dritthöchste (3rd highest) Karte.

(7) Die Übung ist zu Ende, Gott sei D_____.

(8) Die Überschwemmung bedroht uns; also bauen wir einen D__.

(9) Das Geld ist nicht mehr in der Schublade; unter uns ist ein D__.

(10) Wir verstehen die Sprache nicht; wir brauchen einen D_____.

(11) Adare ist keine Stadt, nur ein D_____.

(12) Es gibt keine Rosen ohne D_____.

(13) Ein Gewitter kommt; ich hasse den D_____ und Blitz.

(14) Er spuckt Feuer aus; der D_____ ist ein Fabelungeheuer.

(15) D_____ machen den Körper kaputt.

(16) Ich habe Hunger und D_____.

(17) Im Winter ist es manchmal gegen vier Uhr schon d_____.

(18) „Was möchten Sie, mein Herr? Ein Einzelzimmer oder ein D__
__?"
(19) Die D_____ ist der zweitgrößte Fluß Europas.
(20) Die Bischofskirche heißt der D_____.
(21) Auf dem Marktplatz steht Parnells_____.

Exercise 26

Here the missing words begin with 'F' or 'f'
  (1) Wir essen freitags frische F_____.
  (2) Deutsch und Geschichte sind meine Lieblingsf_____.
  (3) Krupps haben eine F_____ in Limerick.
  (4) Unser F_____ ist schwarzweiß.
  (5) Bist du fleißig oder f_____?
  (6) Willi ist nicht in der Schule. Er f_____ heute.
  (7) „Halt! Sind Sie Freund oder F_____ ?"
  (8) Morgen haben wir keine Schule. Der erste November ist ein
     F_____.
  (9) Das Licht fällt durch das F_____ ins Zimmer.
(10) Er ist sehr krank. Er hat F_____.
(11) Das Haus geht in F_____ auf!
(12) Er trinkt Bier nicht aus einem Glas, sondern aus der F_____.
(13) Ist das eine Biene oder eine F_____?
(14) James Galway spielt F_____.
(15) Wir fällen Bäume, bauen ein F_____ und fahren auf dem Wasser.
(16) Im F_____ wachsen viele Bäume.
(17) Ist der Platz f_____ oder besetzt?
(18) Die Toten liegen im F_____.
(19) Heute ist es eiskalt, es f_____.
(20) Ich kenne diese Stadt gar nicht, ich bin hier ganz f_____.
(21) Er ist schlau wie ein F_____.
(22) Ich f_____ den Gast in das Zimmer.
(23) Kommst du mit dem Auto oder zu F_____?
(24) Wir f_____ unsere Kühe nur mit Gras.
(25) „Hast du einen Kuli oder einen F_____?"
(26) Ich gewinne im Lotto, und ich bin sehr f_____.

Exercise 27

This time the missing words begin with 'M' or 'm'
  (1) Nonnen und M_____ wohnen im Kloster.
  (2) Die Sonne und der M_____ stehen am Himmel.
  (3) Ich trinke Kaffe ohne M_____.
  (4) Nach meiner M_____ hat er recht.
  (5) Der Mensch hat einen Mund. Das Tier hat ein M_____.
  (6) Ich umgebe das Haus mit einer M_____.
  (7) M_____ ist mein Lieblingsfach.
  (8) Ich esse mit M_____ und Gabel.
  (9) Ich kann dein Gesicht nicht sehen, denn du hast eine M_____ an.
(10) Ich kaufe Gemüse und Obst auf dem M_____.
(11) „Hänsel und Gretel" ist ein M_____.
(12) Im Winter trage ich immer einen M_____.
(13) M_____ und M_____ sind Inseln im Mittelmeer.
(14) Mein Lieblingsmonat ist der M_____.
(15) Heidi ist ein M_____.
(16) Der Bäcker bäckt Brot mit Wasser und M_____.
(17) Der M_____ des Schiffs ist kaputt.
(18) Der M_____ des Autos braucht Benzin.
(19) Der Müller arbeitet in einer M_____.
(20) Die Hauptstadt Bayerns heißt M_____.
(21) Das ist kein Hut, sondern eine M_____.
(22) Ich gehe ins Bett, denn ich bin sehr m_____.

Exercise 28

The missing words here begin with 'S' or 's'
  (1) Niemand kauft die Katze im S_____.
  (2) Ich sitze gern auf einem S_____.
  (3) Die S_____ heißt Kylie.
  (4) „Hier ist dein Fahrrad, Johann. Setz dich, bitte, auf den S_____!"
  (5) Das königliche Spiel heißt S_____.
  (6) Mein Freund ist sehr krank. Das ist s_____.
  (7) Der gute Hirte hütet seine S_____.
  (8) Warum stehen die Leute vor dem Laden S_____?
  (9) Es ist heute so heiß. Wir sitzen unter dem Baum im S_____.
(10) Der Gärtner gräbt im Garten mit dem S_____.
(11) Die Lokomotive fährt auf den S_____.

(12) In einem Zelt schlafe ich in einem S____.

(13) Das Kamel ist das S____ der Wüste.

(14) Goethe und S____ sind sehr berühmt.

(15) Man spielt Tennis mit einem S____.

(16) Im Iran tragen alle Frauen einen S____ .

(17) Das Bunratty S____ ist in der Grafschaft Clare.

(18) Dieser Schweinebraten s____ sehr gut.

(19) Wer bearbeitet Eisen mit dem Hammer? Der S____!

(20) Er s____ Butter auf das Brot.

(21) In der Nacht stehen S____ am Himmel

(22) Er s____ die Hände in die Taschen.

(23) Der Igel hat viele S____.

(24) Washington ist die Hauptstadt der Vereinigten S____.

(25) Ich finde die deutsche S____ sehr interessant.

(26) „S____, S____ an der Wand, Wer ist die schönste im ganzen Land?"

Exercise 29 [Section IV 2d]

Wo? oder Wohin?

(A) *der Stecker* und *die Steckdose*

Mutti steckt ____ Stecker in ____ Steckdose.

____ steckt der Stecker? In ____ ____.

____ steckt Mutti ____ Stecker? In ____ ____.

(B) *der Schlüssel* und *das Schloß*

____ steckt Willi ____ Schlüssel?

In ____ ____.

Und ____ steckt der Schlüssel jetzt? In ____ ____.

(C) *die Puppe* und *der Kinderwagen*

____ legt Ilse die Puppe? In ____ ____.

Wo ____ die Puppe jetzt? In ____ ____.

(D) *die Tasse* und *die Untertasse*

____ steht die Tasse. Auf ____ ____.

Wohin ____ du die Tasse? Auf ____ ____.

(E) *das Bild* und *die Wand*

____ hängt Vati das Bild? An ____ ____.

Und ____ hängt das Bild jetzt? Es hängt an ____ ____.

(F) *das Kätzchen* und *das Kissen*

_____ sitzt das Kätzchen? Auf _____ _____

Wohin _____ ihr das Kätzchen?

Wir _____ es auf _____ _____.

(G) *die Zeitung* und *der Briefkasten*

_____ _____ der Briefträger die Zeitung?

In _____ _____.

Seit wann _____ die Zeitung in _____ _____?

(H) *das Fahrrad* und *die Mauer*

_____ stellt Willi das Fahrrad?

Er stellt es an —— ——.

Wo _____ Willis Fahrrad? Es steht an _____ _____.

Exercise 30 (a)

am Montag		vorgestern
gestern	was machtest du?	neulich
heute früh		früher
letzte Woche		zu Weihnachten

Exercise 30 (b) [Section IX 1a]

Insert the most suitable weak verb in the past tense, indicative mood:

 (1) Im Jahr 1988 _____ die Firma eine Fabrik in Galway.

 (2) Ich _____ an die Tür, aber niemand antwortete.

 (3) Der Lehrer _____ einen Ausflug ans Meer.

 (4) Der Herbergsvater _____ uns nur drei Plätze; aber wir _____ vier.

 (5) Um 7 Uhr _____ Heidi die Schule.

 (6) Nach dem Unfall _____ der Fahrer.

 (7) Die Hunde _____ in der Nacht.

 (8) Das Flugzeug _____ trotz des Nebels.

 (9) Gestern im Stadion _____ McGuigan gegen Cruz.

(10) Mutti —— das Bild an die Wand.

(11) König Ludwig XIV (der vierzehnte) _____ in diesem Jahrhundert.

(12) Er _____ das Auto im Schulhof.

(13) In einem Jahr _____ wir mehr als 2000 Briefmarken.

(14) Mein Freund _____ ein Zimmer nicht weit von der Uni.

(15) Becker _____ dieses Jahr in Wimbledon.

Exercise 30 (c) [Section IX 7]

Supply the future tense:
Wir _____ uns schämen
Ich _____ ihn besuchen
„_____ du da sein?"
„Aber _____ du es schaffen?"
„Ihr _____ das bereuen!"
Mutti _____ uns helfen

werden

Exercise 31 [Section IV 3 i]

'time when'

Am

Wochenende	Nachmittag
Montag	Freitag Abend
Morgen	Samstag
Dienstag	Freitagabend
Vormittag	Sonntag
Mittwoch	Montag
Mittag	Nachmittag
Donnerstag	

From the list below, select an activity to suit each of the times listed above. Start each sentence with *Am*, and remember that the verb should be the second idea; e.g. *Am Nachmittag lese ich ein Buch.*

ins (zum) Hallenbad gehen	Karten spielen	
Spaß haben	Schach spielen	Platten hören
Mutti helfen	kalt essen	spät schlafen
nichts machen	Bilder malen	Freunde treffen
eine Cola trinken	ins Kino gehen	
in die Kirche gehen	in die Disko gehen	

Exercise 32 [Section IV 3 ii]

Im

April	Winter	Sommer
Mai	Oktober	Jahr 199?
Januar	Juni	März
Frühling	Herbst	Dezember

Form sentences, each one starting with *im*

einen Scheemann bauen,	den Nationalfeiertag feiern,
Geschenke kaufen,	einen Kuckuck hören,
in Urlaub fahren,	oft schwimmen,
immer einen Pulli tragen,	Haselnüsse ernten
Ostereier kaufen,	Geburtstag feiern,
eine Lehre machen,	zur Uni gehen

Exercise 33(a): How long? [Section IV 2 b]

Seit wann machst du das?

	drei Jahre	Weihnachten
seit + dative	das Erdbeben	zwei Stunden
	zwei Tage	gestern
	der Sommer	

	M	F	N	Plural
Dat	*-em*	*-er*	*-em*	*+-n*

Deutsch lernen
im Krankenhaus liegen
Sport treiben
krank sein
Klavier spielen
einen Brief erwarten
einen Freund/eine Freundin haben

Exercise 33 (b)

As you reply to these questions, each sentence should start with *seit*:
Seit wann hast du die Narbe?
Seit wann hast du die Sommersprossen?
Seit wann trägst du eine Brille?
Seit wann hast du diese Frisur?
Seit wann hat Herr Braun die Glatze?

Exercise 34 (a) [Section IX 3]

Wie fahren Sie? – Rudi fährt mit dem Bus.

mit + dative	*mit dem Rad* – by bike *mit dem Motorrad* – by motorbike *mit der Bahn* – by rail, train *mit der Straßenbahn* – by tram *mit dem Flugzeug* – by plane *mit dem Schiff* – by ship *mit dem Boot* – by boat *mit dem Hubschrauber* – by helicopter *zu Fuß* – on foot

Now complete these, supplying the appropriate form of the verb *fahren* and of the definite article in the dative case after *mit*. Here's the pattern:

Wie fahren sie? – Rudi *fährt mit dem* Bus

Hanna _____ (die) Bahn

Hans _____ (die) U-Bahn

Frau Müller _____ (die) Straßenbahn

Die Mädchen _____ (die) Fähre

Die Jungen _____ (die) Seilbahn

Rudi _____ (der) Bus

Heidi _____ (das) Taxi

Ich _____ (das) Schiff

Wir _____ (das) Mofa

„Du _____ (das) Flugzeug"

Max _____ (das) Rad

Herr Müller _____ (das) Motorrad

„Ihr _____ (der) Hubschrauber"

Und wer geht★ zu Fuß?

fahren
(ä)

★ *fahren* indicates travelling by vehicle, whereas *gehen* indicates walking

Exercise 34 (b) [Section IX 3]

Supply the correct form of the strong verb

Mutti _____ alles

Ich _____ die Zeitung.

„Was _____ du?"

lesen
(ie)

Rudi ____ das Buch.
Herr Braun ____ das Tagebuch.
„Ihr ____ einen Roman.“
„Du ____ die Illustrierte“

Exercise 34 (c)

„Was ____ du, Peter?“
Wir ____ Pommes Frites.
Maria ____ einen Apfel.
„Peter und Max, was ____ ihr?“
Herr Müller ____ das Menü!!
Die Eltern ____ den Schweinebraten

essen
(i)

Exercise 35 [Section IX 3]

Using strong verbs, insert a suitable word:
   (i) Wo ist das Baby? Es ____ im Kinderwagen.
  (ii) Der Koch arbeitet in der Küche. Er ____ eine Gans.
 (iii) Ich habe Hunger. Was ____ der Kellner?
 (iv) Ich esse dreimal★ am Tag. Mein Hund ____ zweimal.
     (fressen (i) – to eat when we're speaking of an animal)
  (v) Ich fahre immer mit dem Auto. Meine Schwester ____ mit dem
     Bus.
 (vi) „____ du viel?“ „O ja! ich lese immer.“
(vii) Was macht der Schreiner? Er ____ das Regal.
(viii) Mutti ____ die Wäsche.
 (ix) Ich schlafe in einem Bett. Aber ein Vogel ____ in einem Nest.
  (x) Ich trage immer Jeans. Was ____ Max?
★ To indicate the number of times, add *-mal* to the numeral, e.g.
einmal, dreimal, hundertmal
Mutti – Mam, Mum; *Vati* – Dad.

Exercise 36 [Section IX 4]

Modalverben. Supply the appropriate form of the modal verb, and
remember that every sentence must end with the infinitive form of
the second verb

Wir _____ Erfolg haben.
„Käthe, was _____ du machen?"
Mutti _____ in Urlaub fahren.

	wollen

Ich _____ das Auto waschen.
Rolf und Ilse _____ Mutti helfen.
„Hans, _____ du zu Bett gehen?"

	müssen

Now you'll need to supply the infinitive, too:
Ich _____ in die Disco _____ en.
_____ Gabi Zigaretten _____ en?
Wir _____ in der Pause Karten _____ en.

	dürfen

„Max, _____ du Deutsch _____ en?"
„Ihr _____ gut Fußball _____ en".
Ich _____ Bücher _____ en.

	können

Heidi _____ hier _____ en?
Wir _____ das Kind _____ en.
Max _____ das Auto _____ en.
Ich _____ zu Bett _____ en.
„Du _____ keine Zigaretten _____ en"

	sollen

Ich _____ Schokolade.
Rudi _____ Fleisch.
Was _____ du?
Herr Müller _____ Fisch.
Wir _____ Bonbons.

	mögen

Exercise 37 [Section IX 7]

Wer wird was?: Supply the correct form of *werden* – to become
Wer _____ Architektin?
Klaus _____ Friseur.
Rudi _____ Ingenieur.
Ilse _____ Ärztin.
Ich _____ Pilot.
Meine Freundin _____ Krankenschwester.
Niemand _____ Lehrer.
Mein Neffe _____ Musiker.

	werden

Supply the correct form of *wissen*:
„Aber Inge und Else! Woher ＿＿ ihr das?"
„Rudi, ＿＿ du was★?"
Er ＿＿ alles
Wir ＿＿ nichts.
Der Lehrer ＿＿ Bescheid.
★'was' can be a short form of 'etwas'

wissen

Exercise 38 (a) [Section V 1a]

	M	F	N	Plural
Dat	-em	-er	-em	-en + -n

Insert the correct form of *danken* in the present tense, and supply the correct dative case of its noun or pronoun object:

Wer ＿＿ (her)?
Wir ＿＿ (the) Lehrerin.
„Warum ＿＿ du ＿ (them)?
„Darf ich ＿ (you) ＿＿?" (friend)
„Wir ＿＿ ＿ (you)" (friends)
Er ＿＿ (me).
„Ich ＿＿ (you)" (formal)
„Ihr sollt ＿ (the) Herren ＿＿."
Rudi ＿＿ (the) Dame.

danken + dative

Exercise 38 (b) [Section II 2b]

Wie geht es?
(A) Imagine you are talking to your friend or writing to your penpal, and then insert the correct form of 'your'
„Wie geht es: ＿＿ Bruder?"
　　　　　　＿＿ Schwester?"
　　　　　　＿＿ Freundin?"
　　　　　　＿＿ Eltern?"
　　　　　　＿＿ Opa?"
Now answer these solicitous enquiries!

Exercise 38 (c)

(B) Imagine this time that you are talking to a few friends.

„Wie geht es: _____ Eltern?"

_____ Deutschlehrer?"

_____ Freundinnen?"

_____ Mathelehrerin?"

_____ Rockgruppe?"

Reply suitably!

Exercise 39 [Section III 2]

Degrees of Comparison. Form sentences to combine these:

das Messer
die Klinge
seine Stimme

| scharf sein |

der Lokomotivführer
die Bankbeamtin
der Architekt

| viel verdienen |

der Sportler
das Rennpferd
der Windhund

| schnell laufen |

das Lagerfeuer
das Hufeisen
die Backen

| rot glühen |

die Polizei
die Zeugin
der Reporter

| den Unfall kurz beschreiben |

Exercise 40 (a) [Section X 3]

Supply the correct form of the verb in its past tense:

Wir _____ gestern.

„Wer _____ noch nie?"

„Du _____ nicht"

| flog |

„Ihr ____ heute früh.“
Heidi ____ gestern abend.
Herr und Frau Schäfer ____ vorgestern.

„____ du nichts?“
Das Kind ____ alles.
Was ____ er?
Heinrich ____ das Buch.
„Warum ____ ihr den Schlüssel?“
Ich ____ das Geld.

nahm

Niemand ____ die Tür.
„Wer ____ den Koffer?“
Heidi und Hans ____ die Fenster.
„Wann ____ ihr das Tor?“
Ich ____ die Augen.

schloß

Exercise 40 (b) [Section XX 4]

Strong Verbs – past tense, indicative mood.
Supply the correct form of the verb in brackets
  (i) Der Schiedsrichter ____ lang und laut. (pfeifen)
  (ii) Gestern ____ Sabine Jeans und einen Pullover. (tragen)
  (iii) Der Kellner ____ mir die Pilzsuppe. (empfehlen)
  (iv) Der Verbrecher ____ vor dem Gericht und ____.
      (sitzen, schweigen)
  (v) „Mutti, warum ____ du mich?“ (rufen)
  (vi) Der Stürmer ____ den Ball ins Tor. (werfen)
  (vii) Plötzlich ____ der Bär vor uns. Wir ____ den Mut und ____
      davon. (stehen, verlieren, laufen)
  (viii) „Wo ____ du gestern Abend, Rudi?“ (sein)
  (ix) Die Katze ____ den Hund und ____ über die Mauer.
      (sehen, springen)
  (x) Die Wolken ____ über den Himmel. (ziehen)
  (xi) Alle ____ vor dem Erdbeben. (erschrecken)
  (xii) Der Jäger ____ einen Bock. (schießen)
  (xiii) In der Nacht ____ es allmählich kalt (werden)
  (xiv) Gott ____ die Welt. (erschaffen)
  (xv) Im Unterricht ____ wir vor Langeweile. (sterben)

Exercise 41 [Section XIV]

Commands (*Befehle*). Adapt these infinitives to express a command; the first is a pattern for you to follow.

(A) He! Du da!!
hinausgehen – Geh hinaus!
die Tür zumachen – . . . .
die Platte zurückgeben –. . . . .
eine Briefmarke kaufen – . . . .
still bleiben –. . . . .
vorsichtig sein – . . . .

(B) He! Ihr da !!
Den Dieb festnehmen – Nehmt den Dieb fest!
das Licht ausschalten –. . . . .
die Rechnung bezahlen – . . . .
die Hefte einsammeln –. . . . .
schneller laufen –. . . . .

(C) He! Sie da!!
die Pakete mitbringen – Bringen Sie die Pakete mit!
mir helfen –. . . . .
aufgeben –. . . . .
in Essen umsteigen –. . . . .
das Zelt aufschlagen – . . . .
das Fenster putzen – . . . .

(D) This time the verb is reflexive and separable: *sich ausruhen*
  (i) Ruh dich aus!
  (ii) Ruht euch aus!   this is your pattern
  (iii) Ruhen Sie sich aus!

Sich vorstellen
  (i) Stell dir vor! – eine Welt ohne Krieg!
  (ii) . . . .
(iii) . . . .

This time the verb is reflexive but inseparable: *sich ergeben*
  (i) . . . .
  (ii) . . . .
(iii) . . . .

sich duschen
  (i) . . . .
  (ii) . . . .
  (iii) . . . .

Exercise 42 (a) [Section IV 7]

Answer:

  (i) Auf wen ist die Mutter stolz?
  (ii) Wozu ist er fähig?
  (iii) Woran ist sie arm?
  (iv) Wovor wurde er blaß?
  (v) Woran sind sie gewöhnt?
  (vi) Auf wen bist du neidisch?
  (vii) Auf wen bist du zornig?
  (viii) In wen ist er verliebt?
  (ix) Worüber sind sie wütend?

Exercise 42 (b) [Section IV 7]

Adjectives and the prepositions and cases which follow them:
 (a) Ist Jason _____ Kylie verliebt?
 (b) Er is nicht geeignet _____ _____ Stelle.
 (c) Die Empfangsdame war sehr höflich _____ _____ Gästen.
 (d) „Bist du _____ _____ Blondine bekannt?"
 (e) Mutter Theresa ist _____ _____ Arbeit unter den Armen berühmt.
 (f) „Ist dein Bruder schon _____ Heidi verlobt?"
 (g) Er wurde blaß _____ Zorn.
 (h) Das Blumenbeet ist dicht _____ Zaun.
 (i) Er war neidisch _____ mein Aussehen.
 (j) Unser Land ist reich _____ Mineralien
 (k) Das Kind was frech _____ _____ Mutter.
 (l) Man soll achtsam _____ _____ Ratschläge sein.
 (m) Er ist immer bereit _____ Tat.

Exercise 42 (c) [Section XX 1, 2, 3]

What prepositions and cases follow these verbs?
(a) Die Zunfunft hängt _____ _____ Abschlußprüfung __ .
(b) Er gibt viel Geld _____ Kleinigkeiten aus.
(c) Der Fahrer achtet _____ _____ Verkehrsampel.
(d) Der Nachtisch besteht _____ Schwarzwälderkirschtorte mit Schlag-
    sahne.
(e) Ich werde mich _____ _____ Stelle bewerben.
(f) Sie erkannte ihn _____ _____ Frisur.
(g) Er bat mich _____ _____ Zigarette.
(h) Wir brannten _____ Neugierde.
(i) Vati ärgert sich _____ _____ Benehmen der Kinder.
(j) Darf ich dich _____ deiner Großzügigkeit beglückwünschen?

Exercise 43 [Section XX 1, 2, 3]

More verbs + prepositions + cases
(a) „Nimmst du _____ Wettbewerb teil?"
(b) Er hat mich _____ _____ Dummkopf gehalten.
(c) Der Diktator rächte sich _____ _____ Gegnern.
(d) Der Lehrer war erstaunt _____ _____ Fleiß seiner Schüler.
(e) Sie hat nie _____ _____ Witze gelacht.
(f) Der Jockey griff _____ _____ Peitsche.
(g) Die Bewohner des Wohnblocks erschraken _____ _____ Erdbeben.
(h) Sechs Jahre lang hat man _____ _____ Freiheit gekämpft.
(i) Die Kinder hungern _____ Liebe.
(j) Der Alte keuchte _____ Kälte.
(k) Die Gastarbeiter leiden _____ _____ Ausbeutung.

Insert the correct preposition + case.
(a) Ich schätze den Wert des Autos _____ 3000 DM.
(b) Er hat den Fernseher _____ _____ Videoanlage getauscht.
(c) Ich sehne mich _____ _____ Heimat.
(d) Die Freunde unterhalten sich _____ _____ Wetter.
(e) Sie wartet _____ _____ Wetterbericht.
(f) Im Winter träumt man _____ _____ Urlaub am Meer.
(g) Der Verbrecher wurde _____ Betruges verhaftet.
(h) Der Vater kann sich _____ _____ Sohn verlassen.

(i) Man soll ____ Weisheit streben.

(j) Die Popfans schwärmen ____ ____ Popsängerin.

Exercise 44 [Section XVIII 3a and XX 1, 2, 3]

Give the correct case of the noun or pronoun in brackets:

(i) Fünf Jahre lang hat man (der Feind) widerstanden.

(ii) Er gleicht (sein Bruder).

(iii) Sie stützte sich auf (ein Stock).

(iv) Ich bin zu (alles) bereit.

(v) Sie trägt einen Pelzkragen wegen (die Kälte).

(vi) Die Hecke schützt vor (der kalte Wind).

(vii) Die Schuhe passen gut (du)

(viii) Der Vater ist stolz auf (die Leistung) der Tochter.

(ix) Die Mannschaften spielen um (der Weltpokal).

(x) Warum ist die Lehrerin böse mit (die Kinder)?

(xi) Trotz (das Gewitter) ist er gekommen.

(xii) Die Einbrecher fesselten die Alte an (der Stuhl).

(xiii) Er teilte (wir) die Nachricht mit.

(xiv) Hier ist man vor (der Blitz) sicher.

(xv) Endlich nähern wir uns (das Ziel).

(xvi) Die Sekretärin war erstaunt über (der Gewinn).

(xvii) Statt (eine Mütze) hat er einen Hut auf.

(xviii) Er hat auf (der Sturzhelm) geschossen.

(xix) „Wie könntest du (er) widersprechen?"

(xx) Er hat sich noch nicht an (der Lärm) gewöhnt.

Exercise 45 [Section IX 6]

Separable Verbs. Complete the sentence, using one of the verbs from this list:

(A) Statements in the present tense.

einladen, abbiegen, zunehmen, aussehen, herstellen, aufräumen, ablehnen, umsteigen

(i) Ich habe morgen Geburtstag. Ich lade meine Freunde ____.

(ii) Auf der Autobahn biegt man an der Ausfahrt ____.

(iii) Die Zahl der Arbeitslosen nimmt ____.

(iv) Willi fährt mit der Bahn von Bonn nach Mainz; er steigt in Mannheim ____.

(v) In Wolfsburg stellt man Autos ____.

(vi) Ich rauche nicht. Ich lehne also die Zigarette _____.

(vii) Die Putzfrau räumt das Zimmer _____.

(viii) Er sieht ganz modisch _____.

(B) Questions

ausziehen, einziehen, umziehen, anschalten, vorstellen, ausgeben, mitfahren, vorbeigehen

(i) „Herr Müller, ziehen Sie morgen _____?"

(ii) „Warum fährst du nicht _____?"

(iii) „Wer zieht nebenan _____?"

(iv) „Wer schaltete das Licht _____?"

(v) „Wann stellst du mir deine neue Freundin _____?"

(vi) „Gibst du immer so viel Geld _____?"

(vii) „Warum ging er so schnell _____?"

(viii) „Wann ziehen die Nachbarn _____?"

(C) Complete the sentence, using one of the verbs from this list:

auslachen, anprobieren, einbrechen, auswendiglernen, zumachen

After Modalverben – *wollen, müssen, dürfen, können, sollen* – we do not separate the separable verb.

(i) „Wollen Sie das aufschreiben?" ⎫ these show the pattern

(ii) Er darf das Angelzeug mitnehmen ⎭

(iii) Wie konnte der Dieb ins Haus _____?

(iv) „Du sollst die Schuhe _____!"

(v) Wann darf er das Fenster _____?

(vi) Wie soll man das alles _____ ?

(vii) Er sieht komisch aus, aber du darfst ihn nicht _____.

Exercise 46 [Section XVI footnote after 5]

(A) Insert *wenn, wann,* or *als*

(i) Ich weiß nicht, __ der Film zu Ende ist.

(ii) Ich fahre Skateboard, _____ ich mich entspannen will.

(iii) Die Lehrerin stand schon im Schulzimmer, _____ ich die Schule erreichte.

(iv) Sie begrüßte mich immer, _____ sie mich sah.

(B) Insert the suitable conjunction [Section XVI 1 (i)]

(i) Wir halfen ihm, _____ er unser Freund war.

(ii) Er ging schwimmen, _____ es zu der Zeit schneite.

(iii) Ich kam nach Hause, _____ meine Eltern zu Bett gingen

(iv) Zwei Jahre sind vergangen, _____ ich ihn zum letzten Mal sah.

(v) Ich weiß nicht, _____ er kommt order nicht.

(vi) Wir haben eine Autoversicherung, _____ wir einen Unfall verursachen.

Exercise 47 [Section XVI 1]

Insert the conjunction and the correct form of the verb:

(1) _____ der Zug _____, stand mein Freund schon auf dem Bahnsteig.
(ankommen)

(2) _____ ich ihn gut _____, erkannte er mich nicht. (kennen)

(3) _____ es _____, nehme ich einen Regenschirm mit. (regnen)

(4) _____ _____ zu Bett _____, putze ich mir die Zähne. (gehen)

(5) _____ ich _____, frühstücke ich. (aufstehen)

(6) _____ wir sie _____, fing sie immer an, zu weinen (besuchen)

(7) _____ wir pleite _____, können wir keine Weihnachtsgeschenke
kaufen. (sein)

(8) _____ er _____, begann die Kapelle zu spielen. (ankommen)

(9) _____ er sich _____ hat, bleibt er im Bett. (erkälten)

Exercise 48 [Section V 7]

Insert the correct word in these relative clauses:

(i) Der Mann, _____ ich sehe, trägt einen Hut.

(ii) Das Auto, mit _____ wir fahren, ist ein BMW.

(iii) Der Bus, _____ Fahrer betrunken war, überschlug sich.
[*sich überschlagen* – to overturn]

(iv) Der Tisch, an _____ ich sitze, ist schmutzig.

(v) Die Schulen, aus _____ wir kommen, sind neu.

(vi) Die Häuser, _____ Besitzer reich sind, haben neun Schlafzimmer.

(vii) Die Schülerinnen, _____ ich kenne, tragen Jeans.

(viii) Er lobt die Schüler, mit _____ er spricht.

(ix) Künstler, _____ Talent haben, verdienen viel.

(x) Er wohnt bei dem Onkel, _____ Frau tot ist.

(xi) Kennt sie die Sängerin, _____ auf der Bühne steht?

(xii) „Wie heißt die Frau, gegenüber _____ du sitzt?"

Exercise 49 (a) [Section XI 1]

Select the suitable perfect participle:
Sie hat sich _____.
Hans hat sich die Haare _____.
Ich habe lange meinen Bleistift _____.
Wir haben zwei Wochen Urlaub in Spanien _____.
Er hat eine zwei in Mathe _____.
Ich habe das Bild an die Wand _____.
Mutti hat das Baby in den Kinderwagen _____.
Ich habe meinen Freund _____.

gesucht
gehängt
gekriegt
gebucht
gekämmt
geschminkt
geküßt
gelegt

Exercise 49 (b) [Section XI 6a]

This time you are given the infinitive form of the verb from which to form the perfect participle:
Die Verbrecher haben den Sohn
des Fabrikanten _____.
Im Restaurant hat sie ein Stück Kirschtorte _____.
Auf der Straße hat der Politiker alle _____.
Der Lehrer hat uns das Wort _____.
Der Motor hat viel Öl _____.
Der Junge hat die Mülltonne _____.

entführen
bestellen
begrüßen
erklären
verbrauchen
entleeren

Exercise 49 (c) [Section XI 6b]

Again insert the suitable perfect participle:
Ich habe die Zigarette _____. Ich rauche nicht.
„Du hast den Plan gut _____".
Sie hat ihre Freundin vom Bahnhof _____.
Die Firma hat Autos _____.
Wir haben die Clowns _____.
Wer hat das Licht _____?
Der Schüler hat im Unterricht gut _____.
Er hat den Kerl des Diebstahls _____.

ablehnen
anlachen
abholen
anklagen
aufpassen
ausführen
einschalten
herstellen

Exercise 49 (d) [Section XX 4]

Insert the correct form of the verb. (All these verbs are strong)
  (i) Gott hat in sechs Tagen die Welt _____ (erschaffen)
  (ii) "Haben Sie die Schönheit der Landschaft _____?" (sehen)

(iii) Der Jäger hat seit gestern nichts ____. (schießen)
(iv) Während des Aufenthalts in diesem Land hat er nur Deutsch __.
(sprechen)
(v) Hat sie ihre Tasche nicht ____? (finden)
(vi) Der Fahrer hat zu viel Alkohol ____. (trinken)
(vii) In der Küche hat es nach Blumenkohl ____. (riechen)
(viii) Der Film hat schon ____. (beginnen)
(ix) „Wie lange hast du da ____ ?" (stehen)
(x) Leider habe ich den Schlüssel ____. (vergessen)
(xi) Mutti hat sie ____. (rufen)
(xii) Der Einbrecher hat das Gitter ____. (biegen)

Exercise 49 (e) [Section XI & XX 4]

Form the perfect tense; the infinitive form of the verb is supplied in brackets:

(i) Das Schiff ____ spurlos (without trace) ____. (versinken)
(ii) Die Jungfrau Maria ____ in Lourdes ____. (erscheinen)
(iii) Hilfe! Meine Geldtasche ____ ____. (verschwinden)
(iv) In einem Jahr ____sie 5 cm ____. (wachsen)
(v) Er ____ vor dem Blitz ____. (erschrecken)
(vi) Er ____ plötzlich ____. (sterben)
(vii) Sie —— Krankenschwester ____. (werden)
(viii) „Wer ____ gestern ____?" (kommen)
(ix) Er ____ nach Hause ____. (gehen)
(x) Wir ____ mit dem Auto nach Hamburg ____. (fahren)

Exercise 49 (f) [Section XI]

These verbs are of different types, both weak and strong, separable and inseparable. Form their perfect participles with care.
(a) In der Nacht ____ die Hunde ____. (heulen)
(b) Er ____ jede Woche seine Tante ____. (besuchen)
(c) Wer ____ die Tür ____? (aufmachen)
(d) Ich ____ mit Mutti nach Spanien ____. (reisen)
(e) „Warum ____ du nicht im voraus ____?" (buchen)
(f) Becker ____ im letzten Sommer das Herz der Engländer ____.
(erobern)
(g) „Was ____ du zum Abendessen ____?" (kochen)
(h) Wir ____ uns ____. (duschen)

153

(i) „Wo ＿＿ ihr das Auto ＿＿?" (parken)

(j) Trotz des Nebels ＿＿ das Flugzeug ＿＿. (landen)

(k) Alle ＿＿ ihn ＿＿. (auslachen)

(l) Der Ober ＿＿ alle Gäste höflich ＿＿. (bedienen)

(m) Ich ＿＿ um 6.30 Uhr ＿＿. (aufwachen)

(n) Vati ＿＿ uns um 7 Uhr ＿＿. (wecken)

(o) Niemand ＿＿ sie ＿＿. (stören)

(p) Die Lehrerinnen ＿＿ streng ＿＿. (prüfen)

(q) Man ＿＿ nichts ＿＿. (beobachten)

(r) Jeder ＿＿ etwas ＿＿. (sagen)

Exercise 50 (a) [Section XV 1]

passive voice, present tense

Was wird jeden Tag zu Hause gemacht?

This first one is a pattern for you to follow as you form sentences in the passive voice: *Betten machen – Betten werden gemacht.*

Now follow suit:

Teppiche staubsaugen

den Tisch decken

den Tisch abräumen

Feuer anzünden

Zimmer aufräumen

Essen vorbereiten

den Fußboden fegen

Hausaufgaben machen

das Geschirr und das Besteck spülen

Exercise 50 (b) [Section XV 2]

passive voice, past tense

Was wurde gestern in der Schule gemacht?

Hefte einsammeln – Hefte wurden eingesammelt

Klassenarbeiten schreiben

Schülerinnen loben

Themen besprechen

Bleistift anspitzen

Bekanntschaften machen

Deutsch lernen

Gedichte lesen

Bücher und Hefte aufschlagen

Exercise 50 (c) [Section XV 3]

passive voice, perfect tense
Was ist gestern in der Stadt gemacht worden?
Fahrräder stehlen – Fahrräder sind gestohlen worden
Lebensmittel kaufen
die Luft verschmutzen
Autos klauen
Zeitungen austragen
Artikel veröffentlichen
Geschäfte machen
Geld einzahlen
Lieder komponieren
Stoffe wiederverwerten

Exercise 50 (d) [Section XV 4]

passive voice, future tense
Was wird in der Zukunft gemacht werden? – Viele Fabriken überall gründen
– Viele Fabriken werden überall gegründet werden
moderne Wohnblöcke bauen
Müll auf Deponien kippen
den Verkehr besser kontrollieren
mehr Arbeitsstellen schaffen
viele Staaten wiedervereinigen

Exercise 51 – Infinitive clauses with *zu* [Section XVII 1]

(A) Here is a list of simple sentences. Preface each of them with *Es is fantastisch . . .* or *Es ist schade . . .* to form a longer sentence, and observe the tense of the verb, too:
(a) Ich kriege eine Eins in Mathe.
(b) Wir haben eine Fünf in Latein gekriegt.
(c) Wir fahren morgen in Urlaub.
(d) Ich bin erfolgreich.
(e) Wir ruhen uns aus.
(f) Ich bin da gewesen.
(g) Ich habe kein Geld.
(h) Ich habe Pech gehabt.

(B) [Section XVII b 2] Here the Infinitive Clause will be the object of the new longer sentence. Preface each of these simple sentences with *Ich beginne/vergesse/bereue/beschließe,* . . . whichever makes best sense to you:

(a) Ich stehe früh auf.
(b) Ich bin früh aufgestanden.
(c) Ich verstehe die Grammatik.
(d) Ich habe ihm nicht geholfen.
(e) Ich komme gut mit den Eltern aus.
(f) Ich habe sie im Stich gelassen.
(g) Ich benutze bleifreies Benzin.
(h) Ich habe ihn verprügelt

Exercise 52 [Section V 8]

was für ein-?   was für?
welch-?   was für welch-?
Complete:

(a) _____ Schule besuchst du? – Eine gemischte Schule!
(b) _____ Kleid trägt Inge heute? – Das karierte Kleid!
(c) Ich brauche Obst, bitte. _____? – Frisches Obst!
(d) _____ Äpfel möchte er kaufen? – Grüne Äpfel!
(e) _____ Kinder kommen heute zu uns? – Die Kinder vom Jugend-klub!
(f) _____ Auto fährt er? – Einen BMW!
(g) _____ Uhren werden hier verkauft? – Kuckucksuhren!
(h) _____ Gruppe spielt heute abend? – Die Rockgruppe!

Exercise 53 [Section III 1 c]

From the verbs listed in the box, form adjectives, and make them agree with their nouns in number, gender and case.

(a) Eine ____ Schülerin gefällt mir nicht
(b) ____ Lehrer erschrecken mich
(c) Der ____ Bach ist voller Fische.
(d) Ich brauche ein Zimmer mit ____ Wasser.
(e) Die ____ Braut hatte ein ____ Gesicht.
(f) ____ Flammen verhinderten die Bergungsarbeiten.
(g) Die ____ Katze saß auf ihrem Schoß.
(h) ____ Hunde ließen mich nicht schlafen
(i) Die ____ Akrobaten üben ohne Sicherheitsnetz.

fließen, lächeln fliegen, strahlen bellen, toben lodern, schreien, schnurren, betrügen

156

Exercise 54 – *Konjunktiv* [Section XIX 2]

Put *Er hat gesagt* before each of these short sentences, and rewrite them as indirect speech in the *Konjunktiv*:
(1) Der Mann steht da.
(2) Sie (they) haben Spaß.
(3) Er is müde.
(4) Sie war da.
(5) Er fährt morgen.
(6) Ich fahre heute.
(7) Ich fuhr gestern.
(8) Er hat Glück.
(9) Wir haben Geld.
(10) Wir hatten Pech.
(11) Die Schule ist aus.

Exercise 55 (a) [Section I 6 a, b, c]

Special Nouns. Translate:
  (i) Do you know the Frenchman well?
 (ii) Why are they asking the student (male)?
(iii) 'I'm sorry (*es tut mir leid*), but I do not know your name.'
 (iv) I saw the sparrow sitting on the wall.
  (v) The uncle of the prince is coming tomorrow.
 (vi) The students of the professor (male) like to swim in the lake.
(vii) The gentlemen have forgotten the name of the doctor (use *Doktor*).
(viii) The tusk of the elefant is one meter long (*der Stoßzahn*).

Exercise 55 (b) [Section I 2 (iii) c]

Insert the suitable verbal noun; e.g. *Das Skilaufen ist mein Lieblingssport*
(a) Das ＿＿ fällt mir schwer.
(b) Zum ＿＿ benutzt man einen Kuli.
(c) Das ＿＿ macht gesund.
(d) Beim ＿＿ trifft man Freunde.
(e) Das ＿＿ macht Spaß.
(f) Zum ＿＿ braucht man einen Wecker.
(g) Das ＿＿ einer Fremdsprache lohnt sich

Exercise 55 (c) [Section V 10]

Indefinite pronouns

Use *wer* or *was* to replace some part of each of these sentences:

   (i) Jeder, der einen Krieg überleben will, muß mutig sein.

 (ii) Alle Menschen, die in Deutschland arbeiten wollen, müssen die deutsche Sprache beherrschen.

(iii) Eine Sache, die einen ärgert, soll man vergessen.

(iv) Alle Dinge, die du mir erzählst, habe ich schon vergessen.

PART 3

Exercises (advanced)

(1) Complete the ending and give the definite article [Section I 1, 2, 3]
Group (a) *-ismus, -ling, -schaft, -el*
__ Lehr__, __ Deck__, __ Land__, __ Optim__, __ Mang__, __
Schäd__, __ Früh__, __ Ego__, __ Feind__, __ Bot__, __ Kump__.

Group (b) *-tum, -lein, -ung, -ik*
__ Männ__, __ Leit__, __ Eigen__, __ Graf__, __ Büch__, __
Verbind__, __ Mus__, __ Alter__, __ Mein__.

Group (c) *-ig, -ei, -keit, -ium*
__ Konditor__, __ Stud__, __ Freundlich__, __ Käf__, __ Stipend __,
__ Kön__, __ Heiter__, __ Molker__.

Group (d) *-e, -er, -ment, -ität*
__ Speziali__, __ Lehr__, __ Farb__, __ Testa__, __ Schult__,
__ Identi__, __ Doku__, __ Künstl__.

Group (e) *-ion, -chen, -in, -ur*
__ Häus__, __ Köch__, __ Fig__, __ Inspekt__, __ Ärzt__,
__ Messer__, __ Organisat__, __ Kult__.

(2) By substituting one letter for another in each of these pairs, you can form a new word:

der Laden	das Fach	die Heiterkeit
−aden	−ach	Hei−erkeit
die Biene	der Hebel	die Hose
−iene	−ebel	−ose
die Landschaft	die Birne	der Wagen
−an−schaft	Bir−e	−agen

(3) Compound nouns [Section I 4]
Combine a noun from each of the two columns to make one noun, and supply the definite article:

Liebling	Wirtschaft	Krise	Ast
Elektrizität	Schule	Bein	Werk
Baum	Information	Pflicht	Gefahr
Tisch	Lawine	Gruppe	Büro

(4) Compound nouns. Each of these pairs has an element in common, yet the compound is distinctively different. Define the difference.

Hauswirt	–	Wirtshaus
Parkbank	–	Bankkonto
Torwart	–	Gartentor
Blumentopf	–	Topfblume
Lederschuh	–	Schuhleder
Eigentumsrecht	–	Rechtsverkehr
Holzbrett	–	Eichenholz

(5) Now combine three words to form one:

Apfel	Nacht	Deckel
Treib-	Damen	Lampe
Pflanzen	Stück	Stoff
Tisch	Bier	Kuchen
Turm	Haus	Kirche
Flasche	Spitze	Anzug

(6) Nouns: give the nationality (a) male (b) female (c) plural
e.g. Irland: *der Ire, die Irin, die Iren*

China	Frankreich	England
Österreich	Rußland	Polen
Amerika	Griechenland	die Türkei
Deutschland	Europa	Schottland
Spanien	Norwegen	die Schweiz

(7) Form nouns from adjectives
e.g. *groß – die Größe*

dumm –	weit –	fromm –
breit –	stark –	gut –
hoch –	scharf –	schwerelos –
flach –	spitz –	
lang –	schwierig –	
minderjährig –	grob –	

(8) What colours does one associate with the following nouns?
der Mond, der Himmel, der Neid, die Kohlen, der Schnee, die Königswürde, die Liebe, das Feuer, das Gras, Blut, der Regenbogen, das Laub im Herbst, die Primel, das Korn, Blumenkohl.

(9) Participles form nouns [Section I 7 ii & iii]
e.g. *der Verletzte*, *ein Verletzter*, *eine Verletzte*, *die Verletzten*

	der	ein	eine	die (plural)
reisend				
vermißt				
angestellt				
bekannt				
vorsitzend				
betrunken				
angeklagt				
gefallen				
wartend				
verlobt				
amputiert				
gestorben				
behindert				

(10) What meaning is attached to the colours in these sentences?
(a) Er kommt oft *blau* nach Hause.
(b) *Schwarzfahren* ist ungesetzlich
(c) Wer hat ihn *grün und blau* verprügelt?
(d) Die *grüne* Partei hat jetzt vierzig Abgeordnete
(d) Die Firma ist in die *roten* Zahlen gekommen.
(f) Dieser Kerl ist noch *grün* hinter den Ohren.
(g) Die einzige Lösung ist eine *rot-grüne* Koalition!
(h) Dieses Mädchen hat *Gold* in der Kehle.
(i) Mir wurde *schwarz* vor den Augen.

(11) Supply prepositions to follow these adjectives [Section IV 7]
(a) Ich bin überzeugt _____ seiner Ehrlichkeit
(b) Er ist gierig _____ Macht
(c) Sie ist finanziell abhängig _____ ihren Eltern

161

(d) Du bist _____ allem fähig.

(e) Er wurde rot _____ Wut.

(f) Helga ist _____ Rudi verliebt

(g) Seit wann ist Heinrich _____ Steffi verlobt?

(h) Sie sind immer freundlich _____ uns.

(i) Ich bin _____ Rockmusik begeistert.

(j) Hier bist du _____ dem Blitz sicher.

(12) Comparison of adjectives and adverbs [Section III 2 a, b, c, d]

zum Beispiel: *weit springen*: *Helga, Elke, Gudrun − Helga springt weit*;
Elke springt noch weiter; Gudrun springt am weitesten.

hoch springen	viel essen
schnell laufen	rot werden
gut spielen	wenig wissen
Musik gern hören	schlank sein

(13) *Wie* or *als*: complete the text

Heute ist es nicht so kalt _____ gestern.

Eine sanftere Brise _____ gestern weht, und auch die Luft ist ganz anders,

_____ man es gewöhnt war. Es ist gerade _____ letzte Woche, fast so,

_____ wäre es schon der Sommer. Es ist schon lange, seit man im März einen Tag _____ diesen erlebt hat. Trotzdem brachte der Tag nichts _____ Ärger. Schon beim Frühstück machte Susi dreimal soviel Geschrei _____ gewöhnlich. Die anderen Kinder waren viel lauter _____ gewöhnlich. Anna heulte _____ eine Sirene, und Rolf brüllte _____ ein Löwe. Und schließlich lief Karl der heiße Kaffee über die Hose, so daß er aufsprang und _____ ein Wilder aus dem Zimmer lief; "Nichts _____ Blödsinn und Ärger", sagt Anna.

(14) Prepositions indicating 'place where' [Section IV 5]

Select from *an, bei, in, auf, am*

Helga arbeitet _____ einem Krankenhaus

Michael arbeitet _____ Fließband

Herr Schmidt arbeitet _____ der Bahn

Frau Braun arbeitet _____ der Gesamtschule

Willi arbeitet _____ Krupps

Renate arbeitet _____ dem Lande.

Claudia arbeitet _____ Dr. Brandt.

Gudrun arbeitet _____ der Stadtmitte

Kurt studiert _____ der Uni.

(15) Insert *in* and, if necessary, an article [Section IV 2 d]
  (a) Die Familie machte sich auf den Weg _____ Wald.
  (b) Sie wollten _____ Wald ein Picknick machen.
  (c) _____ Radio hatten sie den Wetterbericht gehört
  (d) Es wird _____ spätestens _____ Viertelstunde regnen.
  (e) Das Wetter ist doch ganz _____ Ordnung!
  (f) _____ geheimen hoffte sie auf eine Schauer.
  (g) Sie hatte keine Lust, den ganzen Tag mit den Eltern _____ Wald zu verbringen.
  (h) Warum wollen die Eltern immer _____ Natur ziehen?
  (i) _____ Kino wäre es viel schöner
  (j) Nichts anderes kam _____ Frage.
  (k) Alle gerieten fast _____ Panik.
  (l) _____ größter Eile packten sie zusammen
  (m) Peter mußte noch einmal _____ Wald zurück.
  (n) Das war aber nicht _____ Programm.
  (o) Die Mutter wollte zunächst _____ Wagen warten.
  (p) Vielleicht sitzt du dann noch _____ Woche hier herum!
  (q) Er freute sich schon darauf, sich _____ gemütlichen Sessel zu setzen, und _____ Sessel sitzen zu bleiben, bis es Zeit war, _____ Fernsehen einen Krimi anzusehen.

(16) *durch* or *von* [Section IV]
Insert the preposition *durch* or *von*, and an article if necessary
  (a) Auf der Rückfahrt _____ Frankreich bin ich _____ England gefahren
  (b) Die ganze Woche hin _____ hat es geregnet.
  (c) Der Unfall wurde _____ Nebel verursacht; die Reparatur des Autos wurde ——— der Versicherung bezahlt.
  (d) Wir leben nur ——— Hand in den Mund.
  (e) Allerlei Gedanken schießen mir ——— Kopf.
  (f) Der Fußgänger wurde ——— Auto erfaßt und in die Luft geschleudert. ——— Aufprall wurde er schwer verletzt.
  (g) Man konnte nicht mehr ——— Fenster hinausschauen.
  (h) ——— Anfang an wußtest du Bescheid

163

(i) Man lernt ——— Versuch und Irrtum
(j) Ich habe erst ——— meine Frau ——— der Erbschaft erfahren.
Mein Bruder hat viel Geld ——— ein— Onkel geerbt.

(17) *mich* or *mir* [Section XVIII 3a]
Supply the correct pronoun
(a) Verzeihen Sie ——— bitte!
(b) Er traf ——— ganz zufällig
(c) Sie begegnete ——— im Kaufhaus
(d) Das Buch gehört ———
(e) ——— ist kalt.
(f) Es gelingt ——— , die Tür aufzuschließen.
(g) Hast du ——— nicht gehört?
(h) Warum siehst du ——— so an ?
(i) Er sieht ——— ähnlich.
(j) Er rief ——— etwas zu.
(k) Gib es ——— !

(18) Indefinite pronouns, adverbs [Section VI 5 a, b, c]
Select from *irgendwo, nirgendwo, irgendjemand, niemand, niemals,
irgendwohin, nirgendwohin, irgendeiner.*
(a) Ich bin zu Hause gewesen, aber ——— war dort
(b) Zu Ostern fahren wir ——— ans Meer
(c) Wer hat das gesagt? Es war ——— aus der Klasse 5A. Ich weiß
nicht mehr genau.
(d) Dieses Jahr bleiben wir zu Hause. Wir fahren ———.
(e) Ich weiß nicht genau, wo er wohnt. ——— außerhalb der Stadt.
(f) Wo ist mein Koffer? Ich habe überall gesucht aber er ist ———
zu sehen.
(g) Du kennst den Kölner Dom nicht ! Bist du dann ——— in Köln
gewesen?
(h) Wer hat denn angerufen? ———, er hat seinen Namen nicht
gesagt.

(19) Pronominal adverbs [Section XX 1,2]
Insert the correct one; e.g. *daran habe ich nicht gedacht.*
——————— weiß ich gar nichts.
——————— hoffen wir.
——————— erinnere ich mich gut.
——————— erkennt man ihn.

_____ hat er gebeten.

_____ haben wir gefragt.

_____ zweifle ich nicht.

_____ hat sie uns gewarnt

_____ wundere ich mich.

_____ warten wir schon lange.

_____ ärgern wir uns.

(20) Fill the gap by selecting the correct word from the lower line [Section III 2 a]

(1) Autofahrer verursachen _____ Unfälle als Fußgänger.

mehrere / am meisten / mehr / die meisten

(2) Einen BMW hätte ich _____ einen VW

gern / so lieb als / lieber wie / lieber als

(3) Ich nehme den _____ Zug nach München

nahen / nächstes / nächsten / näheren

(4) Die Sommerabende sind _____ die Winterabende

so hell wie / dunkler als / mehr hell / heller als

(5) Ein Mofa verbraucht _____ Benzin als ein Auto

weniger / wenigstens / wenig / am wenigsten

(6) Der Mount Everest ist _____ die Zugspitze

höcher / höher wie / so hoch wie / höher als

(7) Branntwein ist _____ Cola

teuerer als / teuer wie / teurer als / so teuer als

(21) Insert the vowel [Section III 2d]

die schl__nkste Figur

das sch__rfste Messer

der l__ngste Weg.

die k__lteste Nacht

der st__rkste Junge

der w__rmste Tag

die kl__gste Schülerin

der __rmste Staat

der h__rteste Stoff

die s__nfteste Stimme

(22) *Für Autokenner*
Link the noun with the verb:

    die Handbremse   prüfen
    den Ölstand   tanken
    den Reifen   einlegen
    die Schneeketten   montieren
    Benzin   ziehen
    den Gang   aufpumpen
    die Kupplung   treten

(23) Irregular weak verbs [Section XX 5]
kennen, wissen, denken, bringen, nennen, senden, wenden, rennen, brennen:
choose from this list to fill the blanks below
Ich hatte eine Tante,
    die mich sehr gut _____
    und mich Liebling _____
Und sie war die Tante,
    an die ich mich _____,
    und ihr Briefe _____,
    oder zu ihr _____,
    wenn es mal _____.
    Sie _____, was ich _____,
    Ich nahm gern, was sie _____,
und weiß noch, wie sie lachte.
Was sie wohl später machte?

(24) *sein* or *werden*? Choose the appropriate part of the correct verb
[Section XV]
(a) Wann _____ er operiert?
(b) Das _____ schon längst vorbei.
(c) Er _____ morgen entlassen.
(d) Hier soll ein Supermarkt eröffnet _____.
(e) Diese Telefonzelle _____ nicht besetzt.
(f) Morgen _____ Prüfung und ich _____ gleich als erster geprüft.
(g) Alle Rentner _____ alt.
(h) Das Haus _____ schon verkauft worden
(i) Reden _____ Silber, Schweigen _____ Gold.
(j) Das Wetter _____ schön und _____ immer schöner.

(25) *Noch etwas für Autokenner*
Insert the missing letter and supply the definite article
_____ Schla__ch
_____ Br__mse
_____ Bl__nker
_____ Fü__rerschein
_____ __cheibenwischer
_____ Au__puff
_____ Abblen__licht
_____ Le__krad
_____ Gebrauc__twagen
_____ Sto__stange
_____ Werk__eug
_____ Rei__en
_____ Sc__einwerfer

dumme Witze

– „Ich schreibe gerade ein Buch. Es soll eine Autobiographie werden".
– „Seit wann interessierst du dich für Autos?"

Autofahren ist teuer. „Auto" fängt deshalb mit „Au" an und hört mit „o" auf.

(26) *Rein, raus, rauf, rüber, runter* [Section VI 5 c]
(a) Mein Fahrrad is draußen. Bring es bitte _____!
(b) Nächstes Jahr segeln wir von Limerick nach Athlone den Shannon _____.
(c) Dein Freund ist schon drinnen. Geh doch _____!
(d) Ein Kind ist ins Wasser gefallen. Hol es _____!
(e) Rudi ruft von oben „komm schnell_____!"
(f) Die Kohlen liegen im Keller. Geh doch ——— und hol die _____!
(g) Die Ampel ist rot. Du sollst nicht _____ gehen!
(h) Heute ist das Wetter sehr schön! Wollen wir _____ gehen!
(i) Die Bergsteiger sind fast an der Spitze. Sie gehen natürlich den Berg lieber _____ als _____.
(j) Fährt der Fahrstuhl _____ oder _____?

(27) Form clauses with *zu* and the infinitive [Section XVII 1 d]

Ich habe Lust, _____

Ich habe keine Lust, _____

Ich habe die Absicht, _____

Ich habe nicht vor, _____

Ich brauche nur, _____

Ich brauche nicht, _____

Ich habe versprochen, _____

Sie hat angefangen, _____

Es ist möglich, _____

Es ist nicht nötig, _____

Es ist ganz schwierig, _____

Es macht mir Freude, _____

Er scheint, _____

Es gefällt mir, _____

(28) An welche Zahl denken Sie, wenn man folgende Worte erwähnt? Warum?

Weihnachten   Februar

Schaltjahr   Geburtstage

Telefonnummer Gebote

Autonummernschild Aufstand

Kilo   Weltkrieg

Grafschaften   Luftballons

(29) Use *je . . . desto . . .* to form sentences [Section XVIII 2].
Combine each of the following pairs of words:

Autos – Unfälle

Geld – Sorgen

Schnee – Spaß

Temperaturen – Heizkosten

Arbeitsplätze – Arbeitslose

Wetter – Touristen

Deutsch – Erfolg

Abschlußprüfung – Zukunft

(30) Complete the endings [Section I 7]

Krieg läßt keine Sieger!

Die Gefallen__ werden begraben.

All__ Verwundet— kommen ins Krankenhaus.

Die Verletzt__ und Krank__ werden behandelt.

Das Rote Kreuz kümmert sich um die Gefangen__.

All__ Angehörig__ der Verwundet__ und Gefallen__ werden benachrichtigt.

Ein Geistlich__ tröstet die Flüchtling__. Wehrdienstverweiger__ machen Sozialarbeit. All__ Fahnenflüchtig— kommen vors Kriegsgericht.

(31) Wishes – *Was wünschen Sie sich?*

Make wishes as in this example:

Niemand kommt; Wenn doch jemand käme! (*kommen würde!*).

Ich bin pleite.

Mein Freund besucht mich nie.

Der Deutschunterricht beginnt.

Morgen schreiben wir eine Klassenarbeit.

Es ist niemand zu Hause.

Ich habe keinen Beruf.

Der Zug ist abgefahren.

Ich kann nicht einschlafen.

Meine Oma ist tot.

Ich weiß fast nichts von Chemie.

(32) *Passiv* [Section XV 6]

Form sentences in the passive voice as in the example:

Was ist mit dem Brief? (einwerfen) *Der muß eingeworfen werden*

Was ist mit dem Paket? (wiegen)

Was ist mit dem Patienten? (operieren)

Was ist mit dem Auto? (verschrotten)

Was ist mit dem Blumenbeet? (bewässern)

Was ist mit dem Garten? (umgraben)

Was ist mit Frau Schmidt? (behandeln)

Was ist mit der Rechnung? (bezahlen)

Was ist mit dem Baum? (fällen)

Was ist mit dem Müll? (deponieren)

Was ist mit dem Baby? (taufen)

Was ist mit dem Fleisch? (tief frieren)
Was ist mit dem Korn (dreschen)

(33) Prepositions
From this list choose a preposition to complete the sentences below:
zu, von, nach, in, auf, auf, um, um, an
Ich möchte mich __ die Stelle bewerben.
Morgen machen sie sich wieder __ die Arbeit.
In diesem Jahr sind die Preise __ 2% gestiegen.
Ich habe mein Fahrrad __ Raten gekauft.
Wir wollen nicht streiken. Wir machen lieber Dienst __ Vorschrift.
Du hast wohl ein Recht __ Arbeit.
Die DAG ruft __ Streik auf.
Morgen will ich 500 DM __ meinem. Sparkonto abheben und sie __
mein Girokonto einzahlen

(34) *Konjunktiv I oder Indikativ?* [Section XIX 2]
Can you tell the difference?
es regnet, er wisse, du kennst, er kenne, du seiest, er habe, du hast, ihr
seid, er bleibe, ich wolle, du mußt, er soll, er mag, ich möge, es solle, er
darf, du könnest, er arbeite, du arbeitest, es wisse, du spielest, es rufe.

(35) What one word can be added to all of the following?
Explain each of the new compounds, in one sentence, in German.
Tage__, Kinder__, Fach__, Dreh__, Hand__, Koch__, Gäste__,
Lese__, Märchen__, Taschen__, Tage__, Spar__, Wörter__, Lehr__,
Hand__, Scheck__.

(36) Name their opposites
der Innenminister: der Außenminister die Hintertür
das Doppelzimmer: _____ der Nordpol: _____
der Haupteingang: _____ der Hinflug: _____
die Linkskurve: _____ die Rechtspartei: _____
die Höchsttemperatur: _____ der Vollmond: _____
die Nebenstraße: _____ der Vorderreifen: _____
der Wendekreis des Krebses _____

170

(37) Insert the correct preposition with the article in its proper case
(a) *Wo bist du am liebsten?* [Section IV 5]

_____ Bodensee   _____ Nordsee   _____ Strand   _____ Bergen
_____ Türkei   _____ Donau   _____ Westen   _____ Lande
_____ Hause

Wo wohnt er?

_____ sein_ Onkel   _____ Goethestraße
_____ ein_ Wohnung   _____ Vorstadt
_____ Marktplatz   _____ Wohnblock
_____ Stadtmitte   _____ Rhein

Wo ist Hanni?

_____ Arzt   _____ Bett
_____ Büro   _____ Küche
_____ Post   _____ Hause
_____ Kasse   _____ Ausland
_____ Urlaub

(b) *Wohin fährst du am liebsten?* [Section IV 2]

_____ Meer   _____ Ostsee
_____ Land   _____ Norden
_____ Grüne   _____ Mittelmeer
_____ Berge   _____ Donau
_____ Bodensee

Wohin ziehst du? – Where are you moving to? Where are you going to live?

_____ mein_ Onkel   _____ Heinrichstraße
_____ ein_ Wohnung   _____ Vorstadt
_____ Marktplatz   _____ Wohnblock
_____ Stadtmitte   _____ Ausland

Wohin geht sie? (fährt sie?)

_____ Arzt   _____ Herr— Müller
_____ Ausland   _____ Post
_____ Uni   _____ Disko
_____ Büro   _____ Marktplatz
_____ Hause

171

(38) Working from left to right, select from these columns whatever is necessary to complete sentences in the passive voice. Some columns you may find superfluous [Section XV]

(a) *ich möchte wissen, ob mein Hund schon* . . .

impfen	worden	werden	hat
geimpft	geworden	ist	

(b) *Immer wenn ich reingucke,* . . . *dort* . . .

ist	klatschen	
wird	gewesen	
werden	geklatscht	

(c) *Er hat sich so schlecht benommen, daß die Polizei* . . .

anrufen	geworden	mußte
hatten	worden	hatte
angerufen	werden	ist

(d) *Die Verschütteten werden bald* . . .

geborgen	worden	sein
bergen	werden	ist
geworden		

(e) *Ich glaube, daß man in diesem Gasthaus immer gut* . . .

bedient	geworden	werden
bedienen	werden	ist
		wird

(39) Separable or Inseparable [Section IX 6 and XI 6]

The stress-mark is printed **before** the syllable to be stressed

unter'brechen – to interrupt: insep. – *Warum hast du mich unterbrochen?*
'durchfallen – to fail: sep. – *Er ist wieder bei der Prüfung durchgefallen*

Use these verbs to form sentences in the perfect tense, and consider whether or not to insert *-ge-* [Section XI 6]

'umbringen – to kill
durch'suchen – to search thoroughly
unter'streichen – to underline
über'wachen – to guard, watch over
'umsteigen – to change vehicle
'untergehen – to go down, sink
unter'sagen – to prohibit, forbid

'*umgraben* − to dig
'*übergehen* − to go over to
unter'*schreiben* − to sign
'*umrühren* − to stir round
'*übersetzen* − to ferry across
über'*setzen* − to translate
sich '*durchsetzen* − to assert oneself
durch'*setzen* − to infiltrate

Insert the appropriate verb in its proper form:
aufschreiben / unterschreiben
Der Polizist hat den Namen _____
Es ist ganz unmöglich, alle Namen _____

Hat er den Scheck schon _____?
Warum zögert er, ihn _____?

vorschlagen / sich überschlagen
Wer hat _____, ans Meer zu fahren?
Er freute sich sehr, so etwas _____ zu können

Beim Aufprall hat der PKW sich _____
Dieses Fahrzeug hatte schon immer das Tendenz, sich _____

wiedersehen / übersehen
Weil er es eilig hatte, hat er mich _____
Es wäre fast unmöglich, ihn _____

Danach haben wir uns erst zweimal _____
Wir haben die Absicht, uns nächstes Jahr _____

überfallen / auffallen
Auf dem Nachhausewege ist mir nichts Besonderes _____
Ihm scheint nichts _____

Warum hat Hussein Kuwait _____?
Es war ganz einfach, dieses Land _____

mitbringen / verbringen
Hat sie den Regenschirm _____?
Sie vergißt immer, ihn _____

173

Wie haben sie die Zeit _____?
Es ist immer schön, eine Woche am Meer ———.

abfahren / überfahren
Die Katze wurde gestern ———
Der Autofahrer hatte Angst davor, jemand———

Wann ist der Zug ———?
Wir haben die Hoffnung, heute abend ———

(40) Relative clauses [Section V 7 & XVI 5]
The words between brackets should be rewritten as a relative clause
(a) Ich fuhr auf einem Schiff (es ging bei einer Insel im Stillen Ozean unter).
(b) Ich schwamm zu der Insel (sie wurde von keinem Menschen bewohnt).
(c) Es war ein schönes Land (in diesem wachsen viele herrliche Früchte).
(d) Auch fand ich die Eier vieler Seevögel (sie hatten überall ihre Nester am Ufer).
(e) Ich fing auch Fische (sie kamen in großer Zahl in die Nähe des Landes).
(f) Ich fand eine Höhle (ich konnte darin sehr gut wohnen.)
(g) Oft sah ich Schiffe (die meisten von ihnen fuhren in weiter Ferne vorüber).
(h) Dann machte ich immer ein großes Feuer (der Rauch des Feuers wurde endlich auf einem Schiff gesehen)
(i) Es war ein deutscher Ozeandampfer (wir fuhren darin nach Hamburg).
(j) Er brachte mich in die Heimat (ich hatte sie seit fast einem Jahr nicht gesehen).

(41) Opposites
Name the opposite and supply the definite article; e.g. *Freiheit – der Zwang*

Toleranz	_____	Betrug	_____
Fortschritt	_____	Durcheinander	_____
Frieden	_____	Mangel	_____
Gerechtigkeit	_____	Niederschlag	_____
Sicherheit	_____	Schmach	_____
Aufbau	_____		

(42) Define the pairings; e.g. *Schauspieler und Sänger sind Künstler*

Rose und Veilchen _____   Jongleur und Seiltänzer _____

Igel und Hase _____   Halskette und Ring _____

Elektriker und Schlosser _____   Gold und Silber _____

Teller und Tasse _____   Neid und Geiz _____

Messer und Gabel _____   Treue und Fleiß _____

Posaune und Klavier _____   Pfirsich und Traube _____

Eiche und Tanne _____   Gelb und Violett _____

(43) *Sprichwörter* – Proverbs

In the box on the left you'll find the opening words of a well-known proverb; complete it, by adding one of the sequences printed in the box on the right

Wer anderen eine Grube gräbt,	Gott lenkt
Hunde die bellen,	ist auch ein Weg
Wer langsam geht,	wird man klug
Vorsicht	fällt selbst hinein
Durch Schaden	kommt auch ans Ziel
Der Mensch denkt,	desto schöner die Gäste
Je später der Abend,	bestätigen die Regel
Ausnahmen	ist besser als Nachsicht
Den wahren Freund	erkennt man in der Not
Wo ein Wille ist,	beißen nicht

(44) *Lassen* [Section XI 8]

Note how the verb is used to indicate that one 'has had something done'; e.g.

Hat Frau Braun die Wäsche selbst gewaschen? – Nein, sie hat sie waschen lassen!

Do likewise with the following:

(1) Hast du den Brief selbst maschinengeschrieben?

(2) Hast du dich selbst rasiert?

(3) Habt ihr das Zimmer selbst eingerichtet?

(4) Hat er die Koffer selbst nach oben getragen?

(5) Hat sie selbst den Arzt angerufen?

(6) Hat Herr Müller die Panne selbst repariert?

(7) Hat Frau Schmidt den Tisch selbst gedeckt?

(8) Haben sie das Geschirr selbst abgespült?

175

(9) Hat er das Haus selbst fotografiert?

(10) Hast du das Zimmer selbst aufgeräumt?

(45) *Gute Wünsche*

To express good wishes, select from *Alles Gute! Herzlichen Glückwunsch! Gute Besserung! Viel Erfolg! Gute Reise! Viel Spaß! Guten Appetit!*

(1) _____ beim Tanzen!

(2) Es ist höchste Zeit nach Hause zu fahren. Na, dann _____ !

(3) _____ zur Hochzeit!

(4) Es tut mir leid, daß Helga krank ist. Sagen Sie ihr von mir _____ !

(5) _____ zum neuen Jahr!

(6) Die Prüfung ist morgen. Ich wünsche dir _____ !

(7) Jetzt aber wollen wir essen, _____ !

(8) Ich wünsche dir im Beruf _____ !

(9) _____ im neuen Haus!

(10) Ich wünsche Ihnen _____ beim Deutschstudium!

(46) Preposition or Conjunction? [Section XVI 1]

prep.	während	nach	vor	bei	seit	bis zu
conj.	während	nachdem	bevor	als	seitdem	bis

The prepositional phrase may be rewritten as a subordinate clause:

e.g. *Vor dem Beginn der Operation prüft der Arzt seine Instrumente:*
   Bevor die Operation beginnt, prüft der Arzt seine Instrumente.

Rewrite these sentences, instead of a preposition and noun using a subordinating conjunction to introduce a clause:

(a) Während unserer Reise durch das Schwarzwaldgebiet, sahen wir uns die schöne Landschaft an.

(b) Nach seiner Ankuft besuchte der Kaufmann seine Kollegen in der Schillerstraße.

(c) Gleich nach dem Tod des Fabrikanten begann der Streit um den Besitz der Fabrik.

(d) Bei dem Einzug der Sieger waren Tausende auf den Straßen.

(e) Seit dem ersten Herzangriff hat er nicht mehr arbeiten können.

(f) Bis zu ihrem Tod ist die Schauspielerin sehr beliebt gewesen.

(g) Vor der Abfahrt des Zuges kauften wir eine Zeitung.

(h) Während meines Aufenthalts in München habe ich die Olympischen Spiele sehen wollen.

(i) Bis zu seiner Abreise nach Amerika schrieb er mir erst selten; nach seiner Ankunft in Amerika erhielt ich fast jede Woche einen Brief.

(47) *brauchen zu* [Section XVII 3]

brauchen nur zu: wir brauchen nur eine Zeitung zu kaufen
   (i) Wie komme ich zum Hallenbad?
       Du _____ ein Taxi _____ nehmen, dann bist du schnell da.
  (ii) Wie hat man Erfolg?
       Man _____ fleißig _____ arbeiten, dann ist man erfolgreich.
 (iii) Wo finde ich hier einen Zahnarzt?
       Sie _____ im Telefonbuch nach__schlagen, dann finden Sie viele Adressen.
  (iv) Wie komme ich ins Haus?
       Du _____ klopfen, dann läßt man dich rein.
   (v) Wie kann ich mein Geld wechseln?
       Sie _____ zur Wechselstube _____ gehen, dort wechselt man Geld.
  (vi) Wie nimmt man Kontakt mit dieser Firma auf?
       Man _____ die Nummer 04871 an__rufen, dann hat man schon Kontakt damit

brauchen nicht zu: du brauchst heute nicht aufzustehen
   (i) Muß ich bis London fahren?
       Nein, bis London _____ fahren. Du steigst in Leicester aus.
  (ii) Die Haustür mußt du zuschließen, aber die Hintertür _____ zu __schließen.
 (iii) Ich muß diese Wände tapezieren, aber die da _____ tapezieren.
  (iv) Wir müssen die Koffer tragen, aber die Kinder _____ tragen.
   (v) Du mußt früh zu Bett gehen, aber Ilse _____ gehen.
  (vi) Sie müssen die Zigaretten verzollen, aber die Wolljacke _____ verzollen.

(48) *haben* or *sein*? [Section XX 4, 5]
Rewrite in the perfect tense:
   (i) Ich fahre mit dem Auto in die Schweiz
  (ii) Der Gepäckträger fährt meinen Koffer zu Ihnen

 (iii) Unehrliche Menschen brechen ihr Wort
  (iv) Der Ast bricht unter der Last

(v) Die Wärme verdirbt das Fleisch

(vi) Die Milch verdirbt in der Wärme

(vii) Die Ochsen ziehen den Wagen

(viii) Wir ziehen gern in die Wohnung

(ix) Die Wunde heilt allmählich

(x) Die Ärztin heilt die Kranke

(xi) Beim Erdbeben stürzt die Brücke in den Fluß.

(xii) Die Wirtschaftskrise stürzt die Geschäftsleute ins Verderben

(49) perfect tense

Ask yourself before forming the perfect tense,

(a) is it a transitive verb?

(b) is it intransitive denoting movement to or from a place, or a change in state?

(c) is it a reflexive verb?

> If it is (a) or (c) *use haben* + perfect participle
>
> If it is (b) use *sein* + perfect participle

Using those guidelines, form sentences in the perfect tense from the following verbs:

sterben, eilen, sich beeilen, entstehen, fallen, werden, aufstehen, sich setzen, ertrinken, umziehen, aufwachen, erröten, verhungern, sich erheben, heben, tanzen, tauchen, (die Ente taucht den Kopf ins Wasser), tauchen, (ich tauche ins Wasser), verwelken, wachen, schlafen, einschlafen.

(50) *sagen* or *sprechen*

(i) Wer nichts zu _____ hat, soll besser den Mund halten.

(ii) Ich muß mal ernsthaft mit ihr _____

(iii) Ich dachte, der Papagei könne _____

(iv) Was _____ Sie dazu?

(v) Wir haben uns nichts mehr zu _____

(vi) Wir _____ schon lange nicht mehr miteinander

(vii) Ich ließ mir das nicht zweimal _____

(viii) Heute abend _____ der Präsident im Fernsehen

(ix) Er hört sich selbst gern _____

(x) Herr Müller ist heute nicht zu _____

Compositional Exercise

From the Leaving Certificate Examination in German, Higher Level

The candidate is asked to 'turn the twelve simple sentences printed below into a *paragraph* consisting of four compound sentences, by making a single compound sentence out of each bracketed set of simple sentences'

1989

{ Renate freut sich sehr.
{ Letzte Woche hat Renate das Abitur gut bestanden.

{ Renate muß sich eine Arbeit suchen
{ Renate möchte an der Universität studieren.
{ Die Eltern können Renate nicht viel Geld geben.

{ Bernd ist Renates Bruder.
{ Bernd arbeitet seit zwei Jahren in einer Elektrofirma.
{ Bernd will Renate einen Job in der Elekfrofirma besorgen.

{ Bernd hat Erfolg.
{ Renate bekommt einen Job für drei Monate.
{ Renate wird genug Geld verdienen.
{ Im Herbst kann Renate mit dem Studuim beginnen.

The paragraph below represents one candidate's response:

Renate, die letze Woche das Abitur gut bestanden hat, freut sich sehr. Weil die Eltern ihr nicht viel Geld geben können, muß Renate, die an der Universität studieren möchte, sich eine Stelle suchen. Bernd, Renates Bruder, der seit zwei Jahren in einer Elektrofirma arbeitet, will ihr einen Job in der Elektrofirma besorgen. Bernd hat Erfolg und sie bekommt einen Job für drei Monate, wobei★ sie genug Geld verdienen wird, um im Herbst mit dem Studium beginnen zu können.

★*wobei* – in the course of which

179

1988

Am Stadtrand hat man letztes Jahr eine neue Siedlung gebaut.
Viele Kinder wohnen in der neuen Siedlung.
In der neuen Siedlung gibt es keinen richtigen Spielplatz.

Die Kinder aus einem der großen Wohnblöcke haben einen Fußball bekommen.
Die Kinder spielen mit dem Fußball auf der Straße.

Die Kinder spielten gestern mit großem Eifer Fußball.
Die Kinder hörten das Auto nicht.
Das Auto fuhr direkt auf die Kinder zu.

Herr Blaser sah die Kinder im letzten Moment.
Herr Blaser war ein guter Autofahrer.
Herr Blaser konnte bremsen.
Ein schwerer Unfall wurde vermieden.

A possible solution:

Viele Kinder wohnen in der neuen Siedlung, die man letztes Jahr am Stadtrand gebaut hat. Die Kinder aus einem der großen Wohnblöcke, die einen Fußball bekommen haben, spielen damit auf der Straße, weil es in dieser Siedlung keinen richtigen Spielplatz gibt. Als die Kinder gestern mit großem Eifer spielten, hörten sie das Auto nicht, das direkt auf sie zufuhr. Ein schwerer Unfall wurde vermieden, weil Herr Blaser, ein guter Autofahrer, der die Kinder im letzten Moment sah, rechtzeitig bremsen konnte.

1987

Der Fahrer hat nicht aufgepaßt.
Kurt wurde überfahren.

Kurt lag schwerverletzt am Boden.
Der Medizinstudent kam zufällig vorbei.
Der Medizinstudent kümmerte sich um Kurt.

Der Krankenwagen fuhr schnell zur Unfallstelle.
Der Krankenwagen transportierte Kurt ins Krankenhaus.
Ein Notarzt behandelte Kurt sofort.

Im Krankenhaus wurde Kurt genau untersucht.
Man stellte bei Kurt innere Verletzungen fest.
Der Chefarzt war nicht da.
Kurt mußte operiert werden.

A possible solution:

Kurt wurde überfahren, weil der Fahrer nicht aufgepaßt hatte. Während Kurt schwerverletzt am Boden lag, kümmerte sich ein Medizinstudent, der zufällig vorbeikam, um ihn. Der Krankenwagen, der schnell zur Unfallstelle fuhr, transportierte Kurt ins Krankenhaus, wo ein Notarzt ihn sofort behandelte. Obwohl der Chefarzt nicht da war, mußte Kurt, der im Krankenhaus genau untersucht wurde, wobei man innere Verletzungen bei ihm feststellte, sofort operiert werden.

1986

Ingrid konnte nicht ins Kaufhaus gehen.
Das Kaufhaus war geschlossen.

Ingrid mußte ein paar Minuten warten.
Die Angestellten kamen endlich.
Die Angestellten öffneten die Türen.

Ingrid fuhr mit dem Aufzug zum 4. Stockwerk.
Die Sportabteilung befindet sich im 4. Stockwerk.
Ingrid interessierte sich besonders für die Sportabteilung.

Ingrid probierte Jogging-Anzüge an.
Die Verkäuferin zeigte ihr unermüdlich Jogging-Anzüge.
Ingrid gefielen die Farben nicht.
Ingrid kaufte sich einen Jogging-Anzug zum
Schlußverkaufspreis.

A possible solution:

Ingrid konnte nicht ins Kaufhaus gehen, da es geschlossen war. Nachdem Ingrid ein paar Minuten gewartet hatte, kamen die Angestellten, welche/die Türen öffneten. Da sich Ingrid besonders für die Sportabteilung interessierte, fuhr sie mit dem Aufzug in das 4. Stockwerk, wo sich diese Abteilung befindet. Nachdem Ingrid viele Jogging-Anzüge, die ihr von der Verkäuferin unermüdlich gezeigt wurden,

anprobiert hatte, kaufte sie sich einen Jogging-Anzug zum Schlußverkaufspreis, denn die Farben der anderen gefielen ihr nicht.

From a Pre-Leaving Certificate paper, 1987

Ein junger Mann saß in der letzten Reihe.
Der Mann blickte auf ein Buch.
Der Mann hielt das Buch in der Hand.
Der Mann war lang und blond.

Neben dem Mann saß ein Mädchen.
Das Mädchen war schlank.

Das Mädchen hatte große, schwarze Augen und dunkles Haar.
Das Haar fiel ihr unter der Baskenmütze fast auf die Schultern.

Sie steckte die kalten Hände in die Taschen des Mantels.
Sie fragte: Wo haben Sie das Buch her?
Sie wandte den Kopf nicht.

A possible solution:

Der lange, blonde junge Mann, der in der letzten Reihe saß, blickte
auf ein Buch, das er in der Hand hielt. Das neben dem Mann sitzende
Mädchen war schlank. Das Mädchen hatte große, schwarze Augen
und dunkles Haar, das ihr unter der Baskenmütze fast auf die
Schultern fiel. Während sie die kalten Hände in die Taschen des
Mantels steckte, fragte sie, ohne den Kopf zu wenden: „Wo haben
Sie das Buch her?"

From a Pre-Leaving Certificate paper, 1986

Die drei Jungen kamen um achtzehn Uhr im Dorf an.
Die Sonne strahlte aus einem wolkenlosen Himmel.

Die drei Jungen fanden bald eine hübsche Stelle.
Die Stelle war in der Nähe eines Bachs.
Sie konnten die Zelte aufschlagen.

Sie zündeten sich ein Feuer an.
Sie kochten sich sofort eine Mahlzeit.
Die Mahlzeit schmeckte ihnen wunderbar.

Die drei Jungen holten Wasser.
Die drei Jungen wuschen ab.
Die drei Jungen gingen schlafen.
Die drei Jungen waren sehr müde.

A possible solution:

Die Sonne strahlte aus einem wolkenlosen Himmel, als die drei Jungen um achtzehn Uhr im Dorf ankamen. Die Jungen konnten die Zelte an einer hübschen Stelle in der Nähe eines Bachs, die sie sehr schnell gefunden hatten, aufschlagen. Nachdem sie sich ein Feuer angezündet hatten, kochten sie sich sofort eine Mahlzeit, die ihnen wunderbar schmeckte. Nachdem die drei Jungen mit dem Wasser, das sie sich geholt hatten, abgewaschen hatten, gingen sie schlafen, weil sie sehr müde waren.

From a 1985 paper

Peter erreichte das Fährboot.
Das Fährboot lag bereit.

Der Fährmann stand schon im Fährboot.
Der Fährmann rauchte eine Pfeife.
Der Fährmann wurde von Peter erkannt.

Peter stieg ins Fährboot ein.
Peter wollte ans andere Ufer fahren.
Der Fährmann konnte nicht gleich abstoßen.

Peter bot dem Fährmann seinen Mantel als Bezahlung an.
Peter hatte kein deutsches Geld.
Der Fährmann hatte schon einen Mantel.
Der Fährmann nahm den Mantel für seinen Bruder an.

A possible solution:

Peter erreichte das bereitliegende Fährboot. Der pfeiferauchende Fährmann, der von Peter erkannt wurde, stand schon im Fährboot. Obwohl der Fährmann nicht gleich abstoßen konnte, stieg Peter, der ans andere Ufer fahren wollte, ins Fährboot ein. Weil Peter kein deutsches Geld hatte, bot er dem Fährmann, der schon einen Mantel hatte, seinen Mantel als Bezahlung an, welchen/den er schließlich für seinen Bruder annahm.